3~7세
유아 말하기 수업

똑소리 나게 말 잘하는 아이로 키우는 공감 소통 노하우

3~7세 유아 말하기 수업

―― 추천사 ――

4차 산업혁명 시대, 공감과 소통을 잘하는 아이로 키우는 최적의 말하기 솔루션

요즘 아이들은 스마트 기기에 대한 학습이 성인보다 매우 빠르다. 유튜브, 인스타그램, 틱톡 등 정보 탐색이나 인지 속도 역시 번개보다 빠르다. 최근에 개발된 챗GPT와 같은 AI 프로그램을 다루는 능력도 어른보다 뛰어나다. 이제 아이들은 AI와 더불어 살아가야 한다. 저자의 말처럼 '과거와 같이 신뢰감 가는 목소리로 전달만 잘하는 아나운서가 아니라 대담, 토론, 공감이 가능하고 경제, 주식, 교육 등 전문 분야에 대한 판단이 가능한 스피커'가 되어야 한다.

이 책의 1파트에서는 왜 소통 잘하는 아이로 키워야 하는지 그 이유를 말해주며 급변하는 사회에서 문해력의 중요성과 문해력을 높이기 위한 책 읽기를 강조한다. 또한 4차 산업혁명 시대에 필수인 소통과 이를 위한 공감법도 제시한다. 공감이 이루어져야 협업 능력이 생기기 때문이다. 저자는 공감을 3단계로 나누며 1단계에서는 감정을 공감해주는 것이 우선이며 감정 공유 표현을 해야 한다는 솔루션을 제시한다. 2단계에서는 구체적인 예를 들며 상대방의 배경지식을 다양한 방식으로 파악하도록 확장한다. 3단계에서는 아이의 기질과 유형을 파악해 더 적극적인 소통을 할 수 있도록 알려준다. 그 외에도 저자는 공감 능력을 키웠을 때의 좋은 점과 아이와 공감하는 구체적인 대화 스킬까지 제시하고 있다. 교육 현장에서 강조하는 방향이 다양한 과목을 융합한 열린 창의성, 구성원들과의 원활한 소통이라는 큰 틀인 만큼 기계적인 공부보다 스스로 탐색하고 발전해야 한다.

2파트는 말하기를 잘하기 위해 내 아이의 성향을 파악하는 방법을 알려준다. 먼저 아이를 연령별로 나눠 그 시기의 언어적·행동적 특성을 기술하고, 다음으로 남녀 성별에 따른 맞춤 교육을 역설한다. 기질이나 성격을 파악하는 방법으로는 요즘 많이 회자되는 MBTI와 두뇌 유형 분석을 활용한 맞춤 솔루션을 제공한다. 이를 바탕으로 자녀를 양육하면 부모가 아이를 파악하고 이해하는 데 많은 도움이 될 것이다.

3파트는 언어 학습의 최적기를 제시하고 연령별 특징과 솔루션을 구체적으로 전달하고 있다. 초등 입학 전까지 0~24개월, 24~48개월, 5~7세로 나누어 연령별 특징과 말하기 팁을 제공해 자녀의 연령에 맞게 바로 적용할 수 있다. 여기서 알려주는 스피치 놀이를 실천해본다면 아이의 문해력과 말하기 발달에 큰 도움이 될 것이다.

    4차 산업혁명에서 무한한 역량을 발휘하기 위해서는 AI 시대에 맞는 정보활용 능력이 필수다. 인간은 AI와 달리 경험과 배경지식을 바탕으로 전두엽에서 생성한 정보를 재생산해 창의적인 생각으로 발전시키며, 나아가 감정과 경험을 느낌으로 표현하기도 한다. 인간은 이러한 활동을 바탕으로 다른 사람의 마음을 움직인다. 이런 '공감과 소통'이 가능해야만 4차 산업혁명 시대에 필요한 협업 능력이 발휘된다. 미래 사회에서도 여전히 말하기가 강조되어야 하는 이유다. 『3~세 유아 말하기 수업』에는 문해력과 말하기 역량을 키우기 위해 유아기 때 어떤 활동이 중요한지 구체적인 사례를 들어 실질적인 솔루션을 알려주는 탁월한 가이드다.

가톨릭대학교 의정부성모병원 소아청소년과 교수
김영훈

— 프롤로그 —

모든 아이의 모든 말과 행동에는 이유가 있다

글씨 쓰기가 서툰 아이를 대신해 교재에 글씨를 써주려 하자 아이가 불편해합니다. 어떤 아이는 일상 대화에서는 편하게 얘기하다가도 발표나 면접에 들어가면 멀뚱히 카메라만 바라봅니다. 수업 시간 내내 청개구리처럼 대답을 거꾸로 하는 아이도 있습니다. 또 다른 아이는 발표를 잘 해놓고 모니터링하면서 서럽게 웁니다. 어떤 아이는 친구들이 원고를 열심히 쓰는 동안 개요표에 키워드만 간단히 적은 뒤 "선생님 다 했어요!" 하고는 다른 친구들 원고에 참견합니다.

아이들을 워낙 좋아했지만, 2010년 스피치 강사를 처음 시작할 때 아이들을 마주하며 저는 수시로 난처해졌습니다. '내가 아이들을 좋아하는 게 맞나?' 하는 생각마저 들게 했죠.

스피치 수업이 발성과 발음을 정확하게 잡아주고, 연습만 많이 시키면 되는 게 전부가 아니라는 사실을 깨닫는 데는 그리 오랜 시간이 걸리지 않았습니다. 완벽주의 때문에, 사고형이라서, 예민한 기질이라, 청각형이라서 등 아이들의 말과 행동에는 기질과 성향, 양육 환경, 사회관계 등 다양한 이유가 얽혀 있었습니다. 이후에는 색안경을 끼지 않고 아이들을 객관적으로 바라보기 위해 애쓰며 전문적인 내용도 공부하기 시작했습니다. 그러자 수업의 방향이 달라졌고, 아이들이 시행착오와 성공 경험을 쌓으며 발표력과 자신감 부족을 극복할 수 있도록 도와주는 것이 나의 역할이라고 여기게 되었습니다.

이런 변화는 가정에서도 이어졌습니다. 특히 둘째 아들이 말을 심하게 더듬고 엄마를 감정적으로 대하는 이유가 완벽주의 성향에서 비롯되었음을 알기도 했습니다. 한 부모님은 40분의 스피치 체험 수업만으로 아이의 완벽주의, ADHD, 예민 기질 등을 파악하자 유명한 유아 검사 기관에서 일주일 넘게 걸려 나온 결과를 어떻게 금세 알아냈냐고 놀랍다는 반응을 보이시기도 했습니다. 그만큼 '말하기'는 그 사람의 많은 것을 보여주는 '습관'이며 '거울'입니다.

15년 동안 성인과 어린이를 코칭하며 저에게 생긴 직업병은 '대화 관찰'입니다. 이는 제 기질과도 잘 맞는데요. 저는 처음 만난 사람이든 자주 보는 사람이든 대화를 통해 상대방의 말투, 자주 쓰는 단어 등을 분석하며 상대방에 대해 파악하는 데 장점이 있었습니다. 덕분에 아이들을 키우는 부모님들에게는 육아 지침서 같은 도움을, 성인들에게는 트라우마를 이겨낼 수 있는 발표 자신감을 돕는 코칭을 할 수 있었습니다. 그리고 이렇게 찾은 솔루션을 바탕으로 공감과 소통 능력뿐 아니라 대화의 문맥을 이해하는 문해력을 키워주는 데도 도움을 주고 있습니다.

  이 책에서는 미취학 아이들이 '제대로 된 말하기'를 배움으로써 자신감과 사회성, 문해력을 높이고 나아가 바른 공부 습관과 생활 습관을 들이는 데 도움을 주고, 더 나아가 고입이나 대입 등의 목표를 이룰 수 있도록 하는 가이드라인을 제시했습니다. 특히 AI와 경쟁하고 영상에 익숙한 세대에게 필요한 교육의 흐름도 반영했습니다. 스피치 부분에서는 자신의 생각과 지식을 바탕으로 논리적으로 정리하며 말하는 습관을 기르기 위한 이론적 배경을 뇌 과학과 연결해 제시했습니다. 2장에서는 아이들의 기질과 유형 파악, 그리고 3장에서는 홈스쿨링 스피치 방법을 소개했습니다.

  엄마도 아빠도 처음이라 힘들고 어려웠던 것처럼 아이들도 세상을 향해 나가는 첫 걸음은 두렵고 어려울 수 있습니다. 이 책이 그런 부모와 아이들에게 '육아는 행복한 것, 말하기는 즐거운 소통'이라는 해답이 되길 바랍니다.

2024년 2월
이운정

추천사 • 004
프롤로그 • 007

소통 잘하는 아이로 키워야 하는 이유

AI와 챗GPT의 시대, 말하기가 왜 중요할까? • 014
'많이 읽기'보다 '제대로 읽기'가 중요하다 • 018
말 잘하는 아이의 비밀, 공감과 소통 능력 • 024
공감 능력을 키우면 다르게 보이는 것들 • 037
공감력을 높이는 키포인트, 대화 스킬 • 043
공감 대화 ① 상대방이 말할 때 집중해서 듣는다 • 049
공감 대화 ② 상대방의 말에 눈을 바라보고 귀를 열며 집중한다 • 054
공감 대화 ③ 무언가를 요청할 때 가능한 상황인지 먼저 물어본다 • 059
공감 대화 ④ 말하기 전에 상대방의 지식 수준, 관심 주제를 고려한다 • 064
공감 대화 ⑤ 모임에서 소외되는 사람 없이 모두를 대화로 이끈다 • 073
생각이 짧아지는 아이들의 문해력 키우기 • 078

공감의 시작, 우리 아이 유형 파악하기

우리 아이 어떤 아이일까요? • 094
성격 유형 검사의 기본 MBTI 활용하기 • 109

① 에너지의 방향 **외향형과 내향형** • 112
② 정보 수집과 인식 과정 **감각형과 직관형** • 118
③ 판단 및 의사 결정 **사고형과 감정형** • 124
④ 행동 및 대처 방식 **판단형과 인식형** • 131
정보를 받아들이는 새로운 도구, 두뇌 유형 • 140

유아 맞춤형 스피치 홈스쿨링

언어 학습의 최적기는 언제일까? • 152
0~24개월 영아 말하기 베이직 • 154
24~48개월 유아 말하기 베이직 • 161
5~7세 유아 말하기 ① **기본 스피치 놀이 10** • 173

    5단계 목소리 볼륨 정하기 174 | 소리공 던지기 176 | 한글카드와 함께 스무고개 177 | 배꼽 버튼 만들기 178 | 배 산이 오르락내리락 180 | 가나다라 작은 별 노래 182 | 가게기고구 소리 산 만들기(업앤다운 목소리) 184 | 다양한 표정 맞추기 186 | 입 풀기 운동 188 | 제스처로 말하는 동요 맞추기 190

5~7세 유아 말하기 ② **계절별 스피치 놀이** • 192
5~7세 유아 말하기 ③ **생활 습관 스피치 놀이** • 198
5~7세 유아 말하기 ④ **창의력 키우는 스토리텔링 스피치** • 211
5~7세 유아 말하기 ⑤ **토론이 즐거워지는 놀이** • 219

에필로그 • 226

Part 1

소통 잘하는 아이로 키워야 하는 이유

AI와 챗GPT의 시대, 말하기가 왜 중요할까?

중학생 아이들을 키우며, 또 교육 현장에서 다양한 학년의 아이들을 만나면서 느끼는 것은 스마트 기기에 대한 학습이 성인보다 매우 빠르다는 것입니다. 유튜브, 인스타그램, 틱톡 등에서 정보를 찾는 과정이나 문자 혹은 톡을 보내는 손의 속도뿐 아니라 작은 화면 안의 정보를 인지하는 속도 역시 번개보다 빠릅니다.

지금 이 책을 보는 부모님들의 세상과 아이들의 세상은 분명 달라졌습니다. 우리 아이들은 자라면서 AI와 친구가 되고 AI를 활용하며 AI와 경쟁 및 상생하며 살아갈 아이들입니다.

몇 년 전부터 미래에 사라질 직업에 대한 이야기가 종종 언급됩니다. 그중에는 아나운서라는 직업도 포함되어 있습니다. 방송을 진행

했던 저 역시도 현장에서 생생히 느끼고 있습니다. 과거에 김주하 앵커, 손석희 앵커 등 9시 뉴스를 전하는 아나운서의 입지는 전국구 연예인 수준이었습니다. 하지만 몇 년 전부터 정규 뉴스를 기다리는 사람은 거의 사라졌습니다. 지진 소식이, 산불 소식이, 선거 소식이 궁금하면 50~60대 분들도 스마트폰을 꺼내 곧바로 뉴스를 확인합니다. 심지어 AI 아나운서가 등장해 꼭 사람을 섭외하지 않아도 좋은 목소리의 내레이션이 가능해졌습니다.

우리가 그동안 생각해왔던 아나운서의 역할이 달라졌기 때문에 신뢰감 가는 목소리로 잘 전달하기만 하는 아나운서는 이제 필요 없습니다. AI 아나운서 시장에서 살아남으려면 이제는 대담, 토론, 공감이 가능한 MC나 현장 리포터 역할을 할 수 있는 아나운서, 경제나 주식 또는 교육 등 전문 분야에 대해 진단할 수 있는 아나운서가 되어야 하기 때문에 아나운서 아카데미의 커리큘럼과 교육방식도 이에 맞춰 바뀌고 있습니다.

사회에서 일어나는 이런 변화는 학교에서도 개정교과 교육 과정 등을 통해 적용되고 있습니다. 하지만 우리는 아이를 키우면서 아직도 한글을 빨리 떼고, 수학 진도를 어디까지 빼야 하는지, 역사 만화를 읽히며 '태정태세문단세…'를 외우는 데에만 초점을 맞춥니다. 이렇게 몇 시간, 몇 개월에 걸쳐 학습한 것들을 AI는 허무하게도 1~2초 만에 해결합니다. 그러므로 이미 세상에 나와 있는 지식을 잘 읊을 줄 아는 아이는 AI 시대에 살아남을 수 없습니다. 그렇다면 우리 아이가 미래 사회에서 능력을 인정받으려면 어떤 생존 전략이 필요할까요?

먼저 다음과 같은 질문을 스스로에게 던져봅시다. 복숭아를 떠올리면 어떤 생각이 나시나요? 강의 중 어머님들께 여쭤보면 '달콤상큼, 딱복물복(딱딱한 복숭아 또는 물렁한 복숭아의 호불호), 부끄러움, 발그레, 아기 엉덩이' 등 다양한 답변이 나옵니다. 하지만 챗GPT, 즉 AI에게 물어보면 사실에 근거한 자료만을 활용해 정확한 지식을 제시합니다.

아주 단순한 예시지만, 인간과 AI의 차이는 이렇습니다. 인간은 지금까지의 경험과 배경지식을 바탕으로 전두엽에서 생성한 정보를 재조합해 창의적인 생각으로 발전시킵니다. 물론 AI 기술 역시 발전하고 있기 때문에 감정을 표현하는 수준으로 나아가고는 있습니다. 하지만 우리가 느끼는 감정, 그리고 어릴 적 경험했던 느낌을 떠올려 표현하는 것은 AI가 신생아부터 유아기를 거쳐 초중고에 이르기까지 긴 시간의 성장 학습을 하지 않는 한 어려운 분야입니다.

감정을 공유하고 배경지식과 경험을 파악해 다른 사람의 마음을 움직이며 소통할 수 있다는 것! 이것을 우리는 '공감과 소통'이라고 부르며, 이것을 해낼 수 있는 능력을 '문해력'이라고 명명합니다.

> **Sources**
> 1. Wikipedia - 복숭아
> 2. 나무위키 - 복숭아
> 3. Gmarket - 복숭아
> 4. SSG.com - 검색결과 >복숭아
> 5. Chosun Health - 복숭아 먹었더니... '의외의' 건강 효과가
> 6. 한국민족문화대백과사전 - 복숭아
>
> **Answer**
>
> 복숭아는 장미과 벚나무속에 속하는 과일로, 주로 여름에 수확되는 과일 중 하나입니다. 복숭아는 중국 화북의 산시성과 간수성 지역에서 원산지를 가지며, 해발 600~2,000m 고원 지대에서 자라는 특징이 있습니다. 이 과일은 Prunus persica라는 과학적 명칭으로도 알려져 있습니다.
>
> 복숭아는 당도가 높고 상큼한 맛으로 유명하며, 신선한 상태에서 직접 섭취하거나 주스, 잼, 파이 등 다양한 요리에 사용됩니다. 또한 복숭아에는 비타민 C와 식이섬유가 풍부하며, 건강에도 긍정적인 영향을 미칠 수 있다고 알려져 있습니다.
>
> 복숭아는 대한민국에서도 재배되며 여름철에는 시장에서 쉽게 구할 수 있습니다. 신선한 복숭아는 다양한 요리와 간식으로 즐길 수 있으며, 건강에도 도움이 될 수 있습니다.

'복숭아'의 챗GPT 검색 결과

"문자를 자유자재로 활용할 수 있는 역량"

읽고 해석해서 정리하여 말과 글로 표현하는 것!

학습 결손이 생기지 않으려면

독서와 지속적인 글쓰기, 발표하는 연습이 필요하다.

― 《공부머리는 문해력이다》, 진동섭(포르체, 2021)

'많이 읽기'보다 '제대로 읽기'가 중요하다

2010년대에는 어릴 때부터 '다독'을 강조하며 많은 책을 읽는 것을 하나의 훈장처럼 자랑했습니다. 학교에서도 금장제, 은장제 등 읽은 책의 권수를 그래프로 보여주며 아이들이 경쟁적으로 책을 많이 읽도록 교육했죠. 하지만 2015년 개정교과 교육 과정부터 1학기 1권 책 읽기로 '정독'을 강조하며 '많이 읽기'가 아니라 '제대로 읽기'로 바뀌었는데요. 이것은 '많은 책을 읽어도 온전히 내 것이 되지 않는 독서는 소용이 없다. 한 권을 읽더라도 제대로 읽는 것이 중요하다.'라는 의미입니다.

그렇다면 여기서 '온전히 내 것'이 된다는 말은 무엇일까요? 초등학교 저학년 스토리텔링 시간에 하는 『아낌없이 주는 나무』 독서 수업을 살펴봅시다. 나무가 소년을 위해 무엇을 주는지 확인하기 위해서는 다음과 같은 질문을 던져야 합니다.

> Q. 소년은 나무를 찾아와 무엇을 했나요?
> Q. 나무는 소년에게 무엇을 주었나요?
> Q. 소년이 나무를 찾지 않았던 이유는 무엇이었나요?
> Q. 나무는 소년이 오지 않아 어떤 기분이었을까요?

처음에는 이 정도의 질문에 답하며 생각을 나누고 책을 덮습니다. 하지만 문해력을 키우기 위해서는 그 이후에 어떤 생각을 하는지가 더욱 중요합니다.

> Q. 나무는 어떤 마음으로 소년에게 모든 것을 내주었을까요?
> Q. 다시 나무를 찾았을 때 소년은 어떤 마음이었을까요?
> Q. 나는 나무일까요, 소년일까요?
> Q. 나에게 나무 같은 존재가 있나요? 왜 그렇게 생각하나요?
> Q. 나에게 소년과 같은 사람이 있나요? 왜 그렇게 생각하나요?
> Q. 이 책을 읽고 어떤 생각이 들었나요? 소중한 사람과 인연을 만들어가고 싶나요?

이렇게 확장 질문을 던져서 생각을 주고받다 보면 다양한 답변이 나옵니다. 책을 덮기 전까지는 거의 정답이 있는 것처럼 답변이 비슷비슷하지만, 책을 덮고 난 후에는 확연히 다릅니다. 아이들은 나무 같은 존재를 가깝게는 부모님부터 시작해서 학교 친구, 학원 친구, 동네 친구, 반려동물, 아끼는 장난감, 애착 인형 등 세상의 모든 대상에 대입하며 의미를 부여합니다. 이렇게 생각을 넓히다 보면 삶을 대하는 태도와 마음가짐도 달라집니다. 그다음부터는 친구에게 도움을 주거나 함께 간식을 먹을 때 "난 너에게 나무 같은 사람이 되고 싶어. 네가 나의 소년이 되어주면 좋겠어."라는 말을 하며 친구와의 관계를 소중하게 생각합니다.

아직 글씨를 읽지 못하는 유아반 아이들에게는 다른 책을 사용합니다. 특히 인기가 많은 책은 『무지개 물고기』 시리즈와 『구름빵』, 『강아지똥』 등입니다. 백희나 작가님의 『구름빵』은 연극으로 만들어질 정도로 유아에게 인기가 높은 동화책 중 하나죠. 비가 오는 날 아침에 엄마가 만들어준 구름빵을 먹고 아이들은 구름처럼 두둥실 떠오릅니다. 그리고 하늘을 날아 아빠에게 빵을 전해주고 돌아오지요. 이 이야기를 나누다 보면 아이들은 구름빵을 만들고 싶어하고, 먹고 싶어하고, 하늘을 날아 어디론가 가고 싶어 합니다. 이 책에서는 어떤 장면이 인상적이었는지 아이에게 물어보세요.

- 아침에 창 밖에 비가 내리는 풍경
- 늦어서 허둥지둥 나가시는 아빠의 모습
- 콩나물시루처럼 사람들이 빽빽한 버스의 모습
- 전깃줄을 피하며 아빠의 회사까지 찾아가는 장면
- 지붕 위에서 형제가 나란히 구름빵을 먹는 모습

아이들은 저마다 인상 깊었던 장면을 짚으며 자신의 경험에 빗대 "저도 저도 하고 싶어요. 저도 그런 적 있어요."라고 이야기합니다.

구름빵 이야기는 여기서 끝나지 않습니다. 일상에서도 구름빵을 만날 수 있죠. 길에서 구름 사진의 광고판이 부착된 버스를 봤을 때, 빵집에서 구름빵과 비슷한 빵을 찾았을 때, 날아갈 것처럼 기분이 좋아지는 음식을 먹었을 때도 이 책을 떠올릴 수 있습니다.

아이가 조금 더 커서 과학에 관심을 갖기 시작하면 구름빵을 만드는 원리와 구름빵을 먹고 하늘을 날려면 어떤 성분과 조건이 필요한지 궁리해보며 물리학도를 꿈꾸기도 하고, 식품공학에 관심을 보이기도 합니다. 이것이 바로 문해력의 큰 그림입니다.

독서를 통해 단순한 독해력을 키우는 것, 즉 글을 읽고 이해하는 것에 그치지 않고, 이를 해석하고 작가의 의도와 글의 숨은 뜻을 파악해 실생활에 적용하며 생각을 바르게 정리하고, 나아가 타인과 원활하게 소통하며 인생의 방향까지도 잘 잡을 수 있어야 합니다. 이 과정을 제대로 쌓는다면 초등 영재원은 물론 특목고, 대학 입학까지 목표한 대로 이루고 취업과 사회생활도 성공할 수 있습니다.

매년 입시지도를 하면서 이 부분이 점점 강조되는 것을 느끼고 있습니다. 진학과 취업 면접에서의 빈출 질문 중 하나 역시 "내 인생에서 가장 인상 깊은 책은 무엇인가요?"입니다. 모의면접에서 이 질문을 던지면 대부분 책 내용과 느낀 점을 간단히 언급하는데 이때 어떤 대답을 하는지에 따라 생각의 깊이를 알 수 있습니다. 상위권 대학의 이공계열 면접에서는 문학, 수학, 과학 지문을 제시하며 '공통적으로 말하고자 하는 것은?', '문학의 원리가 과학에 적용된 사례는?', '문학에 적용된 문법으로 수학 문제를 해결한다면 어떻게 풀이할 수 있는지 설명하시오' 등으로 변형해 출제되기도 합니다.

이런 면접에서의 효과적인 답변은 단 며칠의 훈련과 연습으로는 불가능합니다. 차곡차곡 적금을 쌓아 만기에 목돈을 받는 것처럼 어릴 때부터 꾸준히 훈련과 연습을 병행해 깊은 생각을 몸에 배게 해야 가능하죠. 스피치 수업을 하면서 안타까운 것은 '말만 잘하는 아이'가 되길 원하는 경우가 많다는 것입니다. 부모님들이 아이를 청산유수처럼 말을 화려하게 잘하는 아이로 만들어달라고 하실 때마다 애써 강조하고 설득하는 부분이 바로 공감과 소통, 그리고 문해력입니다.

(가)

별 헤는 밤

윤동주

계절이 지나가는 하늘에는
가을로 가득 차 있습니다.

나는 아무 걱정도 없이
가을 속의 별들을 다 헤일 듯합니다.

가슴 속에 하나 둘 새겨지는 별을
이제 다 못 헤는 것은
쉬이 아침이 오는 까닭이요,
내일 밤이 남은 까닭이요,
아직 나의 청춘이 다하지 않은 까닭입니다.

별 하나에 추억과
별 하나에 사랑과
별 하나에 쓸쓸함과
별 하나에 동경과
별 하나에 시와
별 하나에 어머니, 어머니,

어머님, 나는 별 하나에 아름다운 말 한 마디씩 불러 봅니다.

- 이하 생략 -

(나)

주어진 기준에 의하여 그 대상을 분명하게 알 수 있는 것들의 모임을 집합이라 하고 대상이 되는 하나하나를 그 집합의 원소라고 한다. 집합 A의 원소가 유한개일 때, 집합 A의 원소의 개수를 기호 $n(A)$로 나타낸다. 이때 집합 A의 부분집합들의 모임을 P라 하면 다음이 성립한다.

$$n(P) = 2^{n(A)}$$

(다)

두 사건 B, C에 대하여 사건 B가 일어나는 경우의 수가 m이고 그 각각에 대하여 사건 C가 일어나는 경우의 수가 n일 때, 두 사건 B, C가 잇달아 일어나는 경우의 수는 $m \times n$이다.

(라)

기체 상태에서는 고체나 액체 상태에서와 달리 분자들이 서로 멀리 떨어져 있어 빈 공간이 많고, 분자들이 자유롭게 운동하고 있다. 따라서 그 부피가 쉽게 변할 수 있다. 이때 온도(T), 압력(P), 부피(V), 몰수(n)는 서로에게 영향을 준다.

(마)

핵발전의 연료인 우라늄 235에 중성자를 충돌시키면 핵분열이 일어나 중성자와 에너지를 방출한다. 방출된 중성자는 근처의 다른 우라늄과 충돌하여 다시 핵분열을 일으킨다. 이때 반응시간(t)에 따라 방출되는 중성자의 수(N)는 빠르게 증가하여 핵분열의 속도는 더 빨라지게 된다.

고려대 자연계열 수시전형 면접 문항
(출처: 2023학년도 고려대학교 선행학습영향평가 결과보고서)

말 잘하는 아이의 비밀, 공감과 소통 능력

공감과 소통은 책으로 배울 수 없습니다. 공감을 담당하는 뇌의 신경세포 '거울뉴런'은 많이 사용할수록 촘촘해지고 정교해지기 때문에 공감에 대한 경험을 많이 해야 이 신경세포가 발달합니다. 즉, 어려서부터 공감을 많이 받아야 공감을 잘하는 어른으로 클 수 있겠죠. 따라서 부모가 유아기 아이에게 가장 먼저 가르쳐야 할 것은 많은 어휘와 화려한 표현이 아니라 공감받는 경험입니다. 하지만 부모 역시 공감 표현이 잘 안 되거나 자신의 부모로부터 공감받은 일이 많지 않다면 이런 훈련이 쉽지 않습니다.

초등학교에 입학한 자녀가 교우 관계를 힘들어해 전학이나 이민을 고민했던 엄마가 있었습니다. 이분은 상담 때 자신이 5남매의 셋째이다 보니 형제자매 눈치만 보며 부모님께 늘 뒷전인 상태로 자랐고 그로 인해 슬픔, 속상함, 억울함 등 부정적인 감정을 애써 숨기며 살았다고 눈물로 고백했습니다. 그래서 아이에게 공감해주는 일이 서툴러 아이 역시 친구들과 잘 어울리지 못하는 것 같다며 어떻게 하면 아이의 공감 능력을 키울 수 있을지 도움을 요청하셨습니다.

미국의 심리학자 칼 로저스는 공감을 3단계로 나눕니다.

공감의 3단계

1단계 인지(정서적 공감)
→ 난 네가 느끼는 감정을 알아.

2단계 이해(인지적 공감)
→ 난 네가 겪고 있는 상황을 이해해.

3단계 반응(행위적 공감)
→ 난 네가 힘들어하는 것을 알고 있어. 그 이유를 찾아 같이 해결하며 도와주고 싶어.

이 공감의 3단계를 바탕으로 실제로 아이들에게 공감하는 방법으로 넘어가봅시다. 1단계는 감정 파악하기, 2단계는 연령과 특징 같은 배경지식 파악하기, 3단계는 더 깊게 자리 잡은 기질 파악하기입니다.

> **실제 공감하기 위한 3단계**
>
> **1단계** 감정 파악하기
> → 난 너의 감정을 느낄 수 있어.
>
> **2단계** 배경지식 파악하기
> → 난 너의 경험과 지식 수준을 고려해 이해할 수 있어.
>
> **3단계** 기질과 유형 파악하기
> → 난 너의 타고난 기질을 이해했고 그런 너의 반응 감정과 행동을 이해해.

1단계 감정 파악하기

사람의 감정을 다루는 뇌 부위는 대퇴변연계(limbic system) 깊숙한 곳에 위치한 편도체(amygdala)입니다. 누군가에게 공감하면 편도체에서는 호르몬이 분비되고 이것은 자연스럽게 표정으로 드러납니다. 설사 아이가 나쁜 감정을 가졌다고 해서 첫마디부터 부정적으로 반응하면 아이는 그 감정을 숨깁니다. 친구들과 놀다가 장난감 때문에 싸워서 "쟤 싫어. 미워! 짜증 나!"라고 내뱉었다면 부모는 습관적으로 "그래도 친구잖아. 그런 말 쓰면 안 돼. 너도 잘못한 건 없어?"라며 아이를 다그칩니다. 이럴 때는 "친구가 싫었구나. 미웠구나. 짜증났구나."처럼 엄마들 사이에서 일명 '구나 화법'이라 불리는 감정 공유 표현이 선행되어야 합니다. 그 뒤에 아이가 감정을 어느 정도 추스른 다음 올바른 훈육의 말이 나와야 아이는 자신의 잘못을 깨닫게 됩니다.

아이가 혼날까 봐, 또는 나쁜 감정이라고 판단해서 이런 감정을 억제하고 숨기면 훗날 친구들과의 관계에서 속상하고 기분 나쁜 일이 있을 때, 사춘기가 와서 감정 조절이 안 될 때 감정을 숨기게 됩니다. 더 큰 문제는 혼자 감정을 조절하지 못해 쌓이다 보면 우울증이 생기기도 하고 심각하게는 정신과 치료를 받아야 하기도 합니다. 기쁨, 슬픔, 속상함, 답답함 같은 부정적인 감정도 그대로 인정해주는 것이 자존감을 높여주는 좋은 방법입니다.

5살 동생을 둔 7살 누나가 있었습니다. 이 아이는 동생이 입원해 수술을 받게 되자 어린아이임에도 부모님을 도와 많은 역할을 해야 했습니다. 동생이 아픈 것도 무서웠지만, 간호하느라 바쁜 부모님 앞에서는 울지도, 속상해하지도 못했습니다. 친구들처럼 부모님과 놀고 싶어도 꾹 참았고 투정도 부리지 못한 채 어떤 기분도 표현할 수 없었습니다. 부모님 역시 아직 어린 딸을 배려하고 챙겨주었지만, 현실적인 상황에서는 다 받아줄 수 없었습니다.

아이가 초등학생이 된 다음에는 다행히 동생도 건강해졌고 가족이 일상으로 돌아왔지만, 누나는 여전히 습관적으로 눈치를 보았습니다. 하고 싶은 것, 좋아하는 것, 싫어하는 것을 표현할 기회가 없다 보니 학교에서도, 친구들 사이에서도 솔직해지지 못하고 혼자 삭이는 일이 많았습니다. 그러면서 자존감이 낮아졌고 성인이 되어서도 "미안해. 내가 잘못했어.", "내가 포기할게. 네가 먼저 해."라는 말이 먼저 나오는 소심한 성격이 되었습니다.

하지만 성인이 된 뒤 이런 문제로 사회생활에서도 스트레스가 높아서 상담을 받게 되었고, 자신의 어린 시절을 되돌아보며 자존감을 높이기 위해 노력했습니다. 부모님과도 오랜 대화를 통해 감정과 의견을 표현하는 연습을 하고, 지지받으며 새롭게 자아를 만들어가는 훈련을 했습니다. 그 결과 지금은 대기업에서 능력을 인정받으며 자신의 일을 멋지게 해내고 있습니다.

물론 가족과의 힘든 상황에서 모든 사람이 자존감이 낮아지는 것은 아닙니다. 타고난 기질과 가족과의 관계, 양육 환경에 따라 아이는 성인이 되었을 때 여러 가지 모습으로 달라집니다. 따라서 부모인 내가 어떤 사람인지 그래서 아이의 성장에 어떤 영향을 미치는지를 파악하고, 아이를 꾸준히 관찰하고 연구하다 보면 공감할 수 있는 영역이 더 넓어질 것입니다.

2단계 배경지식 파악하기

말 그대로 아이의 수준에 맞춰 공감해줘야 하는 것이죠. 부모는 아이가 혼자 밥 먹고, 세수하고, 목욕하기 시작하면 '어른'으로 대하기 시작합니다.

"나이가 몇 살인데 아직도 엄마가 해줘야 돼!"

"지금 출발해야 하는 거 몰라? 아직도 꾸물거리고 있으면 어떻게 해!"

"유치원에서 배웠잖아. 이제 형님반인데 그런 건 알아서 해야지!"

아이를 키우면서 이런 말을 한 번이라도 한 적이 있다면 아이를 '작은 어른'으로 취급한 것입니다. 나도 모르게 자녀를 '다 할 줄 아는 아이'로 인식하면 기대치가 높아지고 아이의 행동이 그에 미치지 못할 때는 아이를 나무라게 됩니다. 부모가 아이를 '어른' 기준에서 잘 못하는 아이로 인식하면 '하지 마, 못해, 할 수 없어, 안 돼.'와 같은 부정 암시어도 많이 쓰게 됩니다. 한 독일심리치료사가 연구한 결과에 따르면 부모는 3~6세 자녀에게 하루 평균 33회 이상의 부정 암시어를 사용하는데, 이럴 경우 아이의 타고난 적극성과 호기심은 훼손당하며 이런 과정이 반복되면 자존감이 낮아질 수 있습니다.

부모의 이런 말 습관은 초등학교 고학년으로 갈수록 점점 더 심해질 수 있습니다. 특히 중학생이 되었을 때는 신체적으로 성인에 가깝기 때문에 '왜 저럴까?'라는 시선과 물음이 반복되고 그런 시선을 받은 아이들은 부모와의 신뢰 관계가 무너져 서로 힘든 사춘기를 보내게 됩니다.

아이의 배경지식에 공감하는 방법은 아이의 연령대를 대상으로 한 동화책과 육아서를 많이 보는 것입니다. 동화책을 읽는 이유는 그 시기에 아이들이 갖고 있는 감성과 생각을 엿볼 수 있기 때문입니다. 또한 아이가 좋아하는 동화책이나 장난감이 있다면 왜 그것을 좋아하는지 분석하는 것도 배경지식을 파악하는 데 도움이 됩니다.

　5살 민준이는 관광지 홍보책자, 학원 홍보지를 수집하는 걸 좋아합니다. 어떤 식당이나 관광지를 가든 홍보물을 손에 잡히는 대로 챙기는 모습을 보며 처음에 부모님은 "여기 우리 안 가는데 왜 자꾸 챙기는 거야?" 하며 다그치다가 언젠가 왜 홍보지를 모으냐고 물어봤습니다. 그러자 민준이는 "다양한 사진과 그림이 멋있어서요."라고 대답했습니다.

　민준이는 이렇게 가져간 홍보물을 버리지 않고 자기 방 가득 붙여놓는다고 했습니다. 이 아이는 디자이너의 감성과 사진작가의 시선이 반영된 인쇄물을 남다르게 보는 특별한 아이입니다. 남들과 다르게 더 뛰어난 감각을 지녔다는 의미입니다. 이렇게 아이가 좋아하는 것에 대한 답을 찾았다면 그 행위들은 결국 아이만의 고유한 능력을 키우는 매우 좋은 자료가 될 수 있습니다.

　아이들과 수업을 하다 보면 의외로 어린이집과 유치원에서 많은 것을 배운다는 사실을 깨닫습니다. 누리과정에 따라 사계절의 변화도 알게 되고, 미세먼지와 코로나19의 원인과 예방법을 듣고 보며 몸으로 체험하는 활동도 합니다. 하지만 몇 마디 나눠봤을 때 아이가 다 안다고 섣불리 판단해서 어려운 질문을 하기 시작하면 아이는 이를 '학습'

으로 인지하며 대답을 피하거나 싫증을 내기 시작합니다.

그러면 아이들이 무엇을 얼마만큼 배웠는지 아는 가장 좋은 방법은 무엇일까요? 바로 '주간계획표'와 '월간계획표'를 참고하는 것입니다. 특히 주간계획표에는 각 영역별로 어떤 활동을 하는지 자세히 나와 있고, 알림장 앱에는 이를 바탕으로 진행한 수업이 영상과 사진으로 업로드됩니다. 주간계획표를 냉장고나 식탁 옆에 붙여두고 수시로 보면서 아이와 대화하다 보면 아이는 자신이 배운 것을 부모에게 말함으로써 자신감을 키울 수 있습니다. 알림장 앱의 활동 사진도 아이와 함께 보면서 구체적으로 물어봐주세요. 어느 순간 아이의 눈빛이 달라지는 것을 느끼고 아이에 대해 더 많은 것을 알 수 있게 될 것입니다.

예를 들어, 유치원에서 날씨를 주제로 '기상캐스터 체험'을 했다고 해봅시다. 지도에 날씨 아이콘들을 표시해놓고 날씨를 전해주는 활동을 했다는 이야기를 나누다 보면 어떤 아이는 지역별 기상 상황에, 어떤 아이는 친구들 앞에서 프레젠테이션하는 것에, 어떤 아이는 우리나라뿐 아니라 방학 때 여행한 호주의 지도까지 꺼내 나만의 날씨 정보를 전달하는 일에 흥미를 보이며 다양한 방식으로 확장합니다.

대화를 나누며 아이가 어떤 부분에 호기심을 보이는지 알아챘나요? 그렇다면 그 주제에 초점을 맞춰보세요. 아이는 나의 호기심에 관심을 보여주는 부모님을 신뢰하고 자신이 좋아하고 잘하는 것을 더욱 열심히 표현할 수 있는 자신감을 얻게 됩니다. 자존감과 자신감을 모두 얻는 것이죠.

분당에서 처음 스피치 학원을 개원했을 때 대치동에서와는 달리 '유아반' 수요가 크게 늘었습니다. 하지만 교재는 모두 초등용이다 보니 수업할 때 필요한 자료들을 빨리 제작해야 했습니다. 당시 저의 자녀들이 3살, 5살이어서 아이들의 어린이집 주간계획표를 참고하며 수준에 맞는 스피치 교재를 제작했습니다. 하지만 막상 수업을 진행하면서 '아차!' 싶어졌습니다.

저희 아이들은 어릴 때부터 전국으로 캠핑을 다니면서 각 지역명과 지도에 익숙했습니다. 이에 맞춰 기상캐스터 수업 자료에 전국 지도를 넣고 서울, 경기도, 강원도, 충청도, 경상도, 전라도, 제주도, 울릉도를 표기했는데 수업에 참여한 아이들 대부분은 자신이 사는 지역 외에는 익숙하지 않았던 것입니다. 도시 이름이 낯설어서 발표를 안 하겠다는 아이, 충청도를 청충도라고 말하는 아이, 지명이 너무 많아 헷갈려하는 아이 등 당황하는 아이들을 보며 아이들의 배경지식을 간과했구나 싶었습니다. 분당에서 수업할 때에는 서울과 경기도, 제주도, 울릉도, 독도까지는 알지만, 대구에서 수업할 때에는 서울, 경기도보다는 경상도라는 말에 더 익숙해했고, 제주에서 수업할 때에는 충청도, 경상도, 전라도, 강원도를 아이들은 외국처럼 느꼈습니다. 그래서 수업 방식을 바꿔서 내가 사는 동네와 그곳을 중심으로 근처에 내가 아는 곳만 세 군데를 골라서 기상캐스터 발표를 하기 시작하니 발표의 완성도가 좋아졌고, 아이들의 지도와 기상에 대한 호기심도 높아졌습니다.

아이들에 대한 관찰과 관심은 바로 공감의 시작입니다. 부모는 아이들이 3세 이전일 때까지는 아이의 관심사, 호기심, 말에 집중하느라 육아일기도 쓰고 기록을 많이 남기게 됩니다. 하지만 아이가 점점 자라면서 아이의 성장에 시큰둥해지고 오히려 학습에 대한 기대치만 커져서 부모의 시선으로 아이의 활동을 바라보게 됩니다. 특히 5세를 지나면서는 한글과 수학 진도에 대한 불안감으로 아이에게 놀이와 세상 경험을 충분히 주기보다 국어, 수학, 영어에 집중하게 되는데, 자칫 공부에 대한 흥미를 잃을 수 있으니 놀이와 경험 위주로 아이가 세상을 배워나갈 수 있는 원동력을 키워주어야 합니다.

3단계 기질과 유형 파악하기

부모님들은 이미 인생에서 많은 사람을 만나고 또 배우자와의 만남에서 사람은 다 다르다는 것을 경험했을 것입니다. 하지만 아이에 대해 판단하는 오류는 '나와 배우자를 닮은 생명체'라는 인식에서 비롯됩니다. 아이는 두 사람의 결과물이 아니라 나와 배우자 가족의 유전자가 섞여 태어났다는 기본적인 전제를 이해한다면, 우리 아이는 도통 가늠하기 어려운 복합체가 될 것입니다. 그렇기 때문에 반드시 아이에게 공감할 때에는 '틀린 것이 아니고 다른 것'이라는 생각에서부터 출발

해야 합니다.

하지만 부모 마음에 들지 않는 아이의 말과 행동을 단순히 "외삼촌 닮았네. 할아버지 닮았네."로 끝내면 탓을 해버리는 것과 다름없습니다. 아이마다 상황에 대한 인지, 생각의 방향 등이 어떻게 다른지 파악하기 위해서는 성향과 기질을 알고 있어야 합니다. 뒷장에서 아이의 성격 유형을 파악하는 방법은 더 자세히 알아보겠지만, 여기에서도 간단하게 짚고 넘어가보겠습니다.

과학적인 근거는 부족하지만, 여전히 어디에서나 쉽게 언급되는 대표적인 유형 특징은 바로 혈액형별 또는 MBTI입니다. B형인 아빠가 늘 조심스러운 아들을 보며 "역시 A형이라서 예민하고 소극적이야."라고 말하거나 MBTI 사고형의 엄마가 동화책을 읽으며 눈물 흘리는 딸을 보며 "넌 감정형이구나?"라며 아이의 성향을 단언하는 표현을 종종 볼 수 있습니다. 최근 소셜미디어에서는 "엄마 어제 속상한 일이 있어서 빵 샀어."라고 물었을 때, 아이가 "속상한 일이 뭐였어? 지금은 괜찮아?"(감정형)라고 말하는지, "무슨 빵 샀는데? 속상한데 빵은 왜 사?"(사고형)라고 말하는지에 따라 유형을 파악할 수 있다는 영상이 유행하기도 했죠.

그만큼 부모는 아이가 어떤 생각을 하고 어떤 기질을 갖고 태어나는지 궁금해합니다. 성격유형 검사에서는 나와 다르더라도 '틀렸다'가 아니라 '그럴 수 있다'라고 공감해주는 것이 가장 중요하죠. 'OO형이라서 OO다'라는 프레임을 씌우기 시작하면 아이는 스스로에게 제약을 두고 말하거나 행동하게 됩니다. 특히 수업하면서 이런 경험을 많이 하게 되는데요, "저는 A형이라… 그리고 I형(내향형)이라 이런 거 잘 못한대요. 우리 엄마도 그렇대요."라는 말을 심심치 않게 듣습니다. 아이가 나와 가족의 단점을 극복하고 더 멋지게 성장하길 원한다면 "엄마는 소심한 성격 때문에 힘들었지만, 우리는 같이 시행착오를 줄여보자."라는 태도를 보이는 것이 중요합니다.

순한 기질, 예민한 기질, 복합 기질 등 기질로 나누기도 합니다. 예민한 기질의 아이는 옷에 붙은 상표 태그조차 힘들어해서 어떤 엄마는 "아이가 입는 옷의 상표 태그를 모두 잘라버려서 옷이 작아지면 중고마켓에 제값에 팔지도 못해요."라는 우스갯소리까지 할 정도입니다. 아이가 좀 더 편하게 활동할 수 있도록 엄마가 얼마나 애썼는지 가늠이 되니 절로 고개가 숙여졌습니다.

이런 아이들은 수업할 때 단순히 자신감이 없어서 발표하지 않는 게 아닙니다. 발표를 꺼리는 아이들에게 물어보면 "옷소매가 자꾸 거슬려서…", "머리가 흘러내리는 게 신경 쓰여서…", "티셔츠가 불편해서…." 같은 의외의 대답이 나옵니다. 이런 대답을 대수롭지 않게 여기면 아이는 자신의 감정과 불편을 부정당했다고 생각해 자존감이 더 떨어질 수밖에 없겠죠. "옷이 불편했구나. 선생님한테 옷핀이 있는데 그걸로 고정해볼까? 이 실오라기는 가위로 잘라줄게. 머리는 묶고 물을 묻혀서 흘러내리지 않도록 해보자." 이런 식으로 반응하면, 신기하게도 아이들은 언제 그랬냐는 듯 발표에 나섭니다.

'나와 다른 우리 아이'를 인정하는 마음가짐을 가져보세요. 그 순간 아이를 이해하면서 짜증 나는 감정이 풀어지고 부모로서 공감하는 멘트가 자연스럽게 나옵니다. 기질과 유형을 파악하고 어떻게 대응해야 하는지에 대해서는 뒷장에서 좀 더 자세히 풀어보도록 하겠습니다.

공감 능력을 키우면
다르게 보이는 것들

"공감은 공감을 받아본 사람만이 할 수 있다."

아이가 초등학교에 입학한 후 교육설명회나 특강을 다니다 보면 뇌의 '전두엽'에 대한 이야기를 많이 듣게 됩니다. 전두엽은 '계획하기, 조직화하기, 우선순위 세우기, 상세화, 사고의 유연성, 응용' 등 다양한 기능을 도맡는데, 공부나 일과 관련된 기능 이외에 또 하나의 중요한 기능이 바로 '공감 능력'입니다. 앞에서 우리가 파악했던 타인의 감정, 배경지식, 유형과 기질에 따라 공감하는 것이 바로 전두엽이 하는 일 중 하나고, 공감을 받을 때도 이 부분이 활성화됩니다. 따라서 공감을 잘하게 되면 공부머리와 일머리가 자연스럽게 만들어집니다.

AI 시대를 살아가는 아이들에게는 AI가 할 수 없는 능력이 강조되는데, 그것이 바로 공감 능력이며 이는 소통의 기본입니다. 소통이란 주제를 '듣는 사람(청자)이 이해할 수 있는 내용(콘텐츠)으로 알아들을 수 있게(화자 표현력) 말하는 것'입니다. 우리 아이가 본인이 알고 있는 내용을 상대방도 잘 이해할 수 있게 정리해서 듣는 대상에 따라 말투와 어조를 다르게 말한다면 최고의 소통 능력을 지니게 되는 것입니다. 여기에서 '우리 아이'를 학생과 성인으로 바꿔볼까요? 그러면 바로 공부 잘하는 사람, 일 잘하는 사람이 되겠죠.

이런 사람은 단순히 성적이 우수하거나 연봉이 높은 사람을 말하는 것이 아닙니다. 그보다는 자기주도성이 뛰어나고 인성이 좋으며 일 센스가 있는 사람을 의미합니다. 어쩌면 부모의 이상형이겠죠.

공감 능력을 갖추려면 소통의 출발 단계인 '듣는 사람'을 먼저 파악해야 합니다. 프레젠테이션의 달인인 스티브 잡스도 전 세계 사람들을 대상으로 신제품을 발표할 때마다 청중을 고려했던 것처럼 우리 아이들 역시 '내가 이렇게 말하면 상대방은 어떻게 생각하고 받아들일까?'를 습관적으로 먼저 생각해야 하는 것이죠. 이것이 정해지면 논리적인 내용 구성, 자신감 있게 말하는 표현력은 자연스럽게 따라옵니다.

공감 능력을 키우면 좋은 점 열 가지는 다음과 같습니다.

공감 능력을 키우면 좋은 점 10가지

1. 친구들과의 친화력이 높아지고 사회성이 좋아집니다.
2. 어른들에게도 예의 바른 아이가 될 수 있습니다.
3. 독서할 때 감정 이입이 잘 되며 작가의 의도를 쉽게 파악합니다.
4. 개정교과에 따른 수행평가와 학교의 정성 평가, 모둠별 활동을 잘할 수 있습니다.
5. 학교에서 진행되는 발표나 스피치 대회를 부모의 도움 없이 스스로 준비할 수 있습니다.
6. 학교 수업과 교과서의 방향성을 잘 파악하게 됩니다.
7. 영재원, 특목고, 대학 입학 및 취업 등과 같은 나이대별로 필요한 면접과 자기소개서를 잘 준비할 수 있습니다.
8. 목표에 따라 삶을 계획하고 실행하며 타인의 조언을 잘 받아들여 발전하게 됩니다.
9. 어떤 직업을 갖더라도 일머리가 좋은 사람으로 인정받을 수 있습니다.
10. 성인이 되어 가정을 꾸릴 때도 갈등을 잘 조율합니다.

어릴 때부터 쌓이는 공감 능력이 평생 어떻게 작용하는지를 열 가지로 나열해보았습니다. 아마 대부분의 부모님이 "우리 아이가 이렇게 자랐으면 좋겠어요."라고 말씀하시는 점이 그대로 들어가 있을 것입니다.

초등학교 1학년 때 저를 찾아온 시준이라는 아이가 있었습니다. 어머님은 아이가 외동이라 그런지 평소에는 말도 거침없고 행동도 활발한 개구쟁이인데 막상 학교에서 발표할 때는 소심하고 조용해져서 스피치 학원을 찾게 되었다고 하셨습니다. 실제로 시준이는 수업 시간에 발표 준비를 하기보다 친구들에게 장난을 많이 치고 집중하지 못하다가 원고를 부랴부랴 작성한 뒤에 카메라 앞에 섰습니다. 이 모습을 보고 발성 및 발음에 대한 교육보다 먼저 시준이의 공감 능력을 키우는 것에 집중하기로 했습니다.

수업 시간에 시준이가 다른 친구들에게 장난을 칠 때면, 이렇게 질문했습니다.

"수아야, 시준이가 이렇게 행동하니까 어떤 생각과 느낌이 들어?"
"시준아, 시준이는 수아한테 왜 그런 행동과 말을 했어?"
"수아가 기분이 안 좋고, 집중이 안 된다고 말하는데 시준이는 어떻게 느꼈어?"
"수아야, 시준이가 오랜만에 만나서 반가워서 그랬다는데 어떻게 생각해?"

아이들이 불편해하는 상황에서 서로가 느끼는 생각과 감정을 주고받는 것에 심혈을 기울였습니다.

발표를 마친 뒤에는 다른 아이들과 마찬가지로 50인치 모니터에 나오는 자신의 모습을 보며 객관적으로 '잘한 점과 아쉬운 점'을 나누고,

다음 시간에는 더 노력해보기로 하고 마무리했습니다. 이때는 절대 선생님과 아이들이 '못한 점'이라고 말하지 않도록 주의하고 있습니다. 어린아이들일수록 부정적인 평가가 반복되면 자신감은 커녕 포기를 먼저 배우기 때문에 최대한 노력하는 모습에 집중해서 동기부여가 되도록 도와주었습니다.

이후 복합적인 상황이 겹치면서 시준이는 잠시 틱 증상도 보였지만, 전문가의 도움을 받으며 치료를 병행했고, 스피치 수업 중에도 전두엽 발달 훈련에 집중하면서 사소한 이야기에 귀를 기울여주었습니다. 어느덧 시간이 흘러 시준이는 고등학교 입학을 앞두고 있습니다. 지난 몇 년간 시준이는 수행평가에 대한 두려움 없이 발표 수업에서 늘 선생님에게는 칭찬을, 친구들에게는 박수를 받았고, 교우 관계도 폭넓게 되었습니다. 고등학교 입학을 준비할 때도 스스로 원하는 학교를 찾아 지원할 정도로 삶의 주인이 되어가고 있습니다.

이 과정에서 부모님 또한 공감과 소통에 관해 배우면서 아이에게 정신적 지지와 응원을 아끼지 않았습니다. 시준이는 보통의 중학생 남자아이들과 달리 주말에 주요 과목 학원 대신 스피치 학원에 가는 것이 힐링이 된다고 말했습니다. 이곳에서 배운 칭찬과 지지, 공감이 아이가 바르게 성장한 원동력이 되었을 것입니다.

이런 아이들의 사례를 들으면 "공감해주고 스피치를 배우면 아이가 잘 크겠구나!"라는 완벽한 변화를 기대하고 오시는 경우가 많지만, 이렇게 달라지기까지 아이들이 늘 모범생처럼 행동하는 것은 아닙니다. 아이를 알아가는 과정에서 시행착오도 겪고, 연령에 따라 감정과 표정의 변화, 사춘기의 격변이 찾아오기 때문에 아이들을 대할 때는 유연성이 필요합니다.

아이가 친구들과 잘 어울리고 배움을 활용했으면 하는 바람이 있다면 '관찰 – 공감 – 응원과 지지'가 우선되어야 합니다. 이를 바탕으로 자존감과 자신감이 높아지고 타인과 상황에 대해 공감하면 문해력은 자연스럽게 따라올 수 있습니다. 글의 맥락을 이해하는 사고력, 상황에 맞게 토의와 토론을 자유롭게 할 수 있는 능력, 더 나아가 사회 구성원으로서 선한 영향력을 미치는 것까지가 문해력의 정의이기 때문입니다. 하지만 이런 과정은 마치 소액 적금을 20년간 복리로 굴려서 만기에 목돈을 타는 심정으로 차곡차곡 쌓아야 완성됩니다.

지금 이 책을 읽고 계신 부모님들, 아이를 10분만이라도 집중해서 바라봐주세요. 아이가 갓 태어났을 때 아이를 이리저리 살펴보며 신기해하고 하품만 해도 까르르하며 행복했던 마음을 되새겨보세요. 아이를 집중해서 바라보면 나를 힘들게 했던 아이, 하루 종일 말썽만 피우는 아이, 너무 조용해서 속을 알 수 없었던 아이가 다르게 보이기 시작할 것입니다. 그다음 아이의 마음과 행동을 천천히 읽어주세요. 매일이 힘들다면 일주일에 세 번만이라도 아이 관찰에 집중한다면 공감은 훨씬 쉬워질 것입니다.

공감력을 높이는 키포인트, 대화 스킬

"머리로는 알겠는데 실행이 쉽지 않아요."
"아는 얘기들인데 실천이 잘 안 돼요."
"아이에게 어떻게 말해주어야 할지 모르겠어요."
"막상 공감해야 할 순간이 되면 잊어버리고 밤에 후회해요."

부모 교육과 상담을 진행하다 보면 부모님들이 가장 어려워하는 부분이 바로 '공감 대화'입니다. 아이들의 기질과 유형에 따라 반응하는 말이 달라져야겠지만, 공식처럼 외우면 자연스럽게 나올 수 있는 기본 공식을 소개합니다.

① 구나 화법

많은 부모님이 육아서와 교육으로 이미 잘 알고 있는 화법입니다. 아이의 감정이나 상황을 읽어주며 기분과 감정, 생각을 알고 있다고 반응하는 것입니다.

"짜증 났구나. 화났구나. 슬펐구나. 힘들었구나. 미웠구나. 싫었구나. 즐거웠구나. 재미있었구나. 신났구나. 좋았구나." 등 맞장구를 치며 아이의 표정과 이에 대한 대답을 살펴주세요.

② 뒷말 따라 하기

'구나 화법'을 자주 쓰면, 아이는 부모가 영혼 없이 대답한다고 받아들이기도 합니다. 이때는 아이의 말을 듣고 셰도잉(따라 말하기)해보세요. 그리고 구나 화법과 마찬가지로 그다음에 이어지는 말은 명령이나 판단보다는 아이에게 해결책을 제시하고 어떻게 받아들여야 할지 말해주는 것이죠.

"친구와 놀기 싫어? 그럼 놀지 마."라고 단정 짓기보다는 "친구랑 놀기 싫었구나. 그럼 같이 놀고 싶은 친구는 누구야? 그 친구랑 놀기 싫은 이유가 뭐야?"라고 아이의 말을 그대로 읽어주고, 그 마음과 생각을 다양한 어휘를 사용해 표현해줌으로써 아이는 자신의 감정을 언어화하는 훈련과 함께 다른 사람의 감정 표현에 어떻게 반응해야 하는지 배우게 됩니다. 자신의 언어를 따라 해주는 것만으로도 아이는 공감을 느끼고, 부모의 언어로 다시 한번 들음으로써 어휘 훈련까지 되는 것이죠.

- 아이: 이 놀이터 재미없어.
  → "이 놀이터가 승준이한테는 재미가 없구나. 그럼 재미있는 놀이터는 어디일까? 같이 찾아볼까?"
- 아이: 나 서연이랑 놀기 싫어.
  → "수연이는 서연이랑 놀기 싫어? 어떤 부분이 싫었을까? 엄마한테만 얘기해줄래?"
- 아이: 오늘 유치원에서 낙엽 줍기 했어.
  → "오늘 낙엽 줍기 했구나. 빨간 단풍잎, 노란 은행잎도 봤겠다. 진짜 재미있었겠다. 훈이는 뭐가 제일 좋았어?"

③ 공감 감탄사로 반응하기

1, 2번으로는 말이 너무 길어지기도 하고, 현실적으로 모든 대화를 이렇게 할 수는 없습니다. 그래서 평소 아이와 대화할 때는 감탄사를 습관적으로 사용해주세요.

"우와~ 진짜? 정말? (너의 행동이 / 너의 생각이) 멋진데?"
"아이고~ 이런! 어떡해. 아이쿠!"

이런 단어들은 상대방의 말에 적극 공감한다는 의미이기 때문에 상대방이 내 말을 잘 들어주고 있어서 더 얘기하고 싶다는 마음이 들게 합니다. 부부나 가족 간의 대화에서도 이런 추임새를 넣으면 대화가 더 풍성해질 수 있습니다.

지금까지 소개한 세 가지 공감 화법을 일상생활과 직장 생활에서도 활용하면 분명 공감 잘하는 사람, 대화하기 편안한 사람으로 인정받을 수 있습니다. 이런 대화를 경험한 아이들은 어떻게 달라질까요?

먼저 전두엽의 공감 기능 부위가 활성화됩니다. 또한 단순히 공감 능력을 키워주는 것을 넘어 생각과 감정, 의견을 어떻게 표현하는지 배움으로써 어휘력과 문장 구성력까지 배울 수 있습니다. 그러다 보니 자연스럽게 "어쩜 너는 말하는 게 아빠랑 똑같니?", "우와 너희 엄마랑 말투가 비슷해."라는 말을 듣게 되는 것이죠. 아이는 부모의 거울이라는 말이 바로 이런 일상 대화와 행동이 쌓여서 만들어진 말일 것입니다.

저는 전국을 다니며 아이들뿐 아니라 수많은 학부모, 공무원, 검사, 교수, 기업 CEO를 대상으로 강의를 하고 있습니다. 저는 강의 내내 내용이 효과적으로 잘 전달되는지, 수강자들에게 도움이 되는지 체크하는데요. 그 과정에서 열 명이든 백 명이든 사람들의 표정과 반응을 수시로 확인합니다. 어떤 사람들은 끄덕끄덕하면서 박수치며 맞장구를 쳐주기도 하고 어떤 사람들은 무표정으로 일관하며 바라보기만 합니다. 그분들과 공감 능력 테스트를 진행해보면 공감지수가 전자는 높게, 후자는 낮게 나옵니다.

그렇다면 평소 나의 공감 대화 습관은 어떨까요? 나는 만나면 만날수록 기분 좋아지는 사람, 자꾸 얘기를 나누고 싶은 사람인가요? 아니면 만나고 나면 기분이 나빠지는 사람, 가급적 대화를 피하고 싶어지는 사람인가요?

공감 대화를 못하는 사람의 특징

1. 상대방이 말하고 있는 중간에 끼어든다.
2. 상대방이 말할 때 다른 곳(휴대폰, 주변 사물 등)에 시선이 간다.
3. "~해!", "이래야 해!"라는 명령어를 자주 쓴다.
4. 앞뒤 상황에 맞지 않는 주제를 꺼내 대화 분위기를 흐린다.
5. 다른 사람들보다 더 많이 말한다.

공감 대화를 잘하는 사람의 특징

1. 상대방이 말할 때 집중해서 듣는다.
2. 상대방의 말에 눈을 바라보고 귀를 열며 집중한다.
3. 무언가를 요청할 때 가능한 상황인지 먼저 물어본다.
4. 말하기 전에 상대방의 지식 수준, 관심 주제를 고려한다.
5. 모임에서 소외되는 사람 없이 모두를 대화로 이끈다.

다음 장에서부터는 앞에서 살펴본 '공감 대화를 잘하는 사람의 특징'을 구체적인 예시와 함께 하나씩 설명해보겠습니다.

공감 대화①
- 상대방이 말할 때 집중해서 듣는다

    우리는 사람들 앞에서 발표할 때 보통 "안녕하세요?"라고 시작합니다. 안녕(安寧)이란 편안할 안(安)에 편안할 녕(寧)을 사용한 한자어로, 인사로 발표를 시작하는 것은 "제가 지금부터 여러분에게 어떤 이야기를 전하려고 합니다. 제 말을 들어주실 편안한 상태이십니까?"라는 의미죠. 마찬가지로 발표를 마쳤을 때, "감사합니다."라고 인사하는 이유는 "지금까지 저의 이야기를 들어주셔서 감사합니다. 고맙습니다."라는 의미를 담은 것입니다. 그만큼 누군가의 이야기를 끝까지 들어줄 때는 애정과 정성, 그리고 노력이 필요합니다.

    이때 끄덕끄덕, 구나 화법, 뒷말 따라 하기, 감탄사가 곁들여져야 합니다. 부득이한 상황이 아닌데, 누군가 내 말을 끊으면 누구든 기분이 나빠집니다. 아이도 마찬가지죠. 열심히 자기가 읽은 책, 본 영화, 친구랑 있었던 일을 얘기하는데, 아직 언어 표현이 서툴러서 말이 장황해지거나 중언부언할 때가 있습니다. 그럴 때 부모는 답답한 마음에 "그래서 하고 싶은 말이 뭐야?"라고 말을 끊어버리기도 합니다. 이러면 아이는 기분이 나빠지고, 다음부터는 부모와 대화를 꺼리게 되고, 나아가 누군가 앞에서 말하는 것에 두려움까지 생길 수 있습니다.

저에게 종종 "선생님은 제 얘기를 끝까지 들어주셔서 좋아요."라고 말하는 학생들이 있습니다. 지금까지 아이의 말을 들어주지 않은 어른이 많았다는 반증입니다. 물론 이런 아이들은 스스로 말을 잘 정리하지 못해 스피치 학원을 찾아온 것이기도 하죠. 그렇다고 몇 번의 수업만으로 아이가 갑자기 논리정연하고 간결하게 말을 잘하게 되지는 않습니다.

이때는 반드시 대화의 교통정리를 해주어야 합니다. 유아반이나 저학년반과 수업하다 보면 하고 싶은 말이 많은 아이가 대다수입니다. 예를 들어, '추석'을 주제로 추석 때 무엇을 했는지 물으면 여기저기서 손을 들며 말하고 어떤 친구는 오자마자 제 손을 잡고 수업이 시작되어도 유치원에서 있었던 일을 종알종알 이야기합니다. 이럴 때는 무작정 이야기를 끊고 수업을 시작하기보다는 다음과 같이 말해주는 것이 좋습니다.

"수연이가 선생님한테 해주고 싶은 얘기가 정말 많구나. 선생님도 너무 궁금해서 빨리 듣고 싶은데, 다른 친구들이 지금 수업이 시작되기를 기다리고 있네. 우선은 수업을 시작하고 이따 쉬는 시간에 수연이가 하고 싶었던 얘기 다시 들어줄게."

그리고 쉬는 시간이 되면,

"수연아 아까 하고 싶었던 얘기가 뭐였지? 선생님 수업 내내 궁금해서 혼났네. 기다려줘서 고마워! 쉬는 시간이 5분이니까 그 안에 다 말할 수 있도록 해보자!"

아이와 일상에서도 이렇게 해보세요. 아이는 하고 싶은 말이 너무 많아서 부모님을 졸졸 따라다니며 쫑알쫑알 얘기하는데, 집안일과 할 일이 산더미라면 아이의 이야기를 끝까지 듣기가 힘들 것입니다. 그러다 보니 공감 대화 공식은 잊어버린 채 바쁘다는 핑계로 면박을 주고, 아이는 의욕을 잃어 입을 닫을 수도 있습니다.

막상 아이의 말을 끝까지 귀 기울여 듣다 보면 그 시간은 생각보다 길지 않은데도 말이죠. 짧아야 2~3분 길어야 10분 정도입니다. 말이 많은 아이도 혼자서 10분 이상을 얘기하긴 어렵거든요.

화자 역시 말을 끝까지 들어주어야 편안함을 느낍니다. 그렇다고 아이의 말이 끝나기가 무섭게 뒷말 따라 하기를 해선 안 됩니다. 그보다는 말이 끝난 다음 1초 정도 텀을 두고 반응해야 아이는 좀 더 편안하고 자신감 있게 말할 수 있습니다. 아이든 어른이든 누군가 내 이야기를 들어준다면 집중해서 말할 수 있습니다. 말끝을 흐리는 아이, 목소리가 작은 아이는 누군가 자신의 말을 자른 경험을 반복하면서 자신감을 잃은 경우가 있습니다.

반대로 아이가 부모님의 말을 끝까지 듣지 않는다면, 나의 이야기를 잠시 멈추고 아이가 잘 듣고 있는지 확인해야 합니다. 분명 나와 이야기를 나누다가 아이의 시선이 다른 곳이나 갖고 놀던 장난감으로 향한다면, 1차 반응은 보통 이렇게 나오죠. "엄마(아빠)가 얘기하고 있는데 지금 뭐 하는 거야? 끝까지 좀 들어봐!" 더구나 잔소리를 하고 있던 상황이라면 부모는 더욱 화가 납니다. 교육심리 전문가들은 이것을 아이가 내 말에 귀를 기울이지 않아서가 아니라 아이의 집중하지 않는 행동과 태도가 부모인 나를 '무시'했다고 느끼기 때문이라고 분석했습니다. 그렇다면 이럴 땐 어떻게 해야 할까요?

아이의 관점에서는 부모의 말이 재미없고 중요하지 않다고 느끼기 때문에 다른 곳에 시선이 갔을 것입니다. 하지만 부모인 나는 아이가 집중해서 들어주길 원하는 상황이죠. 이럴 때는 다음과 같은 공식을 사용해 용건을 전달해봅시다.

"엄마가 희성이한테 꼭 필요한 얘기를 하고 싶었는데, 희성이는 지금 엄마 말보다 TV 프로그램이 더 재미있나 보다(객관적 묘사). 희성이가 엄마 얘기를 1분만이라도 집중해서 잘 들어주었으면 좋겠는데……(바람). 지금 말고 나중에 할까(제안)?"

화가 담긴 앞의 한 문장보다 '객관적 묘사 – 바람 – 제안'으로 이루어진 뒤의 세 문장은 소통 대화로써 힘이 있습니다. 먼저 아이도 인정할 수 있는 현상을 객관적으로 묘사해보세요. 이를 들은 아이는 인지하지 못했던 자신의 마음과 태도를 타인의 시선으로 점검합니다. 그리고 부모님의 니즈를 구체적으로 설명해주어야 아이는 부모님이 원하는 바를 정확하게 파악합니다. '눈길을 피하거나 시선을 돌렸다고 상대방이 나에게 집중하지 않는다고 느낀다'는 판단은 아이에게 억지일 수 있습니다. 마지막에는 "그러니까 엄마(아빠) 말 집중해서 들어!"라는 명령보다는 '나' 메시지를 적용해 부드럽게 제안합니다. 이때 부정적인 평가가 들어가면 비꼬는 말이 될 수 있으니 주의해야 합니다. "넌 엄마가 얘기하는데 딴 데 정신이 팔려 있네. 엄마보다 저게 더 중요하지?"처럼 말이죠.

위 세 문장을 들은 아이는 어떻게 반응할까요? 정말 혼이 쏙 빠지게 재미있는 프로그램이 아닌 이상 대부분 "엇, 그런 게 아니에요. 그냥 좋아하는 노래가 나와서 쳐다만 본 거예요." 같은 반응을 보입니다. 이런 대화 방식이 익숙해지면, 아이는 우선순위를 생각할 줄 알게 되며, "그럼 엄마 얘기 먼저 듣고 저거 볼게요." 또는 "그럼 저거 먼저 보고 얘기 들을게요."라는 반응이 나옵니다. '들을 준비'에 대한 내용은 3번에서 더 자세하게 풀어보겠습니다.

공감 대화②
- 상대방의 말에 눈을 바라보고 귀를 열며 집중한다

아이가 만 3세가 되기 전까지는 말하는 표정도, 옹알거리는 자그마한 입도 신기하고, 아이의 요구 사항을 바로바로 찾아줘야 한다는 생각에 아이의 말에 집중하게 됩니다. 하지만 만 4세부터는 물을 마시고 싶다거나 화장실에 가고 싶다는 기본적인 욕구를 어느 정도 아이 스스로 해결할 수 있다 보니 자연스럽게 아이의 얼굴을 보고 입 모양을 보며 들어주는 시간이 점점 줄어들게 됩니다.

저는 아이들이 어릴 때 저에게 말을 걸면 무조건 하던 일을 모두 멈췄습니다. 하지만 저라고 여유롭게 듣기만 할 수 있었을까요? 이때 우선순위가 집안일이냐, 아이냐를 결정해야 합니다. 저는 아이가 늘 우선이었죠. 처음부터 그러진 않았습니다. 퇴근하고 들어오면 옷 갈아

입기부터 손 씻기, 화장 지우기, 밀린 설거지, 빨래, 청소까지 할 일이 태산입니다. 집에서 오롯이 육아만 할 때도 마찬가지로 쌓여 있는 집안일에 자꾸만 먼저 손이 갔습니다. 하지만 생각을 바꿔서 집안일은 아이가 자거나 유아기관에 갔을 때 해놓고, 조금 어질러져 있어도, 설거지가 쌓여 있어도 지금 아이가 나를 찾는 시간은 다시 오지 않는다는 생각에 아이에게 집중하기 시작했습니다. 당장 처리해야 하는 급한 일이 있을 때에는 아이들에게 양해를 구했습니다.

"지금 승환이, 지환이 얘기 듣고 싶은데, 엄마가 옷부터 갈아입어야 편하게 들어줄 수 있을 것 같아. 조금만 기다려줘."

"지금 승환이, 지환이 얘기를 들어줘야 하는데 가스레인지를 끄지 않으면 위험할 것 같아. 부엌만 빨리 정리하고 이야기 들어줄게."

아빠도 퇴근 후에 아이들이 달려 나가 반기면 "감기 걸리지 않게 얼른 손만 씻고 나올게. 화장실 앞에서 딱 기다려!"라며 양해를 구하고 얼른 볼일을 끝냈습니다. 그리고 이어서 아이들과 이야기를 나눌 때에는 눈은 얼굴을 바라보고, 귀는 휴대폰 벨소리조차 안 들릴 정도로 아이들의 목소리에 집중해주어야 합니다. 이때 시각적인 공감도 놓쳐서는 안 됩니다. 눈 맞춤, 끄덕끄덕, 제스처, 감탄사가 더해져야 노력한 만큼 효과를 볼 수 있습니다.

이런 대화가 습관이 되면 아이들이 컸을 때 대화 패턴이 달라집니다. 사춘기에 접어든 아이가 고민이 많아 보여서 말을 걸거나 종종 잔소리를 할 때, 대화 습관이 갖춰지지 않은 아이는 "듣기 싫다고! 말하기 싫다고!"라며 문을 쾅 닫아버립니다. 하지만 어려서부터 위와 같은 대화 방식에 익숙해진 아이들은 "엄마, 지금 대화할 기분이 아니에요. 잠시 혼자 있고 싶으니 내버려두세요.", "아빠, 제가 지금 시험을 앞두고 생각할 게 많아서 대화가 어려울 것 같아요. 시험 끝나고 얘기했으면 좋겠어요."라며 자신의 상황을 또박또박 이야기합니다.

중·고등부 수업을 할 때에도 마찬가지입니다. 아이들이 대화를 시작하기 전 서로 들을 준비가 되어 있는지 먼저 확인하면 아이들은 알아서 골고루 발언권을 가지며 이야기하고, 들을 준비가 되어 있지 않을 때는 양해를 구하기도 합니다.

공감 대화에서는 시각적인 부분이 매우 중요합니다. 시각은 청각보다 빠릅니다. 그래서 커뮤니케이션 이론 중 UCLA 심리학과 명예교수인 앨버트 머레이비언 교수가 만든 '머레이비언의 법칙'에서는 대화를 나눌 때 상대방에 대한 이미지를 결정하는 요인으로 표정과 태도 같은 시각을 55%로 가장 높게 꼽았습니다. 그 다음이 음성 38%, 말의 내용이 7%를 차지합니다. 그만큼 대화에서 시각적인 요인이 중요하다는 의미입니다.

우리가 어떤 모임에 참가했다고 생각해봅시다. 다음 주 아이들 생일 파티를 어떻게 보낼까 이야기를 나누는데, 내가 의견을 내는 동안 누군가 말로만 "네네, 좋아요. 그렇게 해요."라고 하며 눈은 휴대폰을 들여다본다면 나의 기분은 어떨까요?

아이들이 수업 시간에 토로하는 불만 중 하나가 이렇습니다.

"선생님, 우리 아빠는 맨날 휴대폰으로 게임만 하고 엄마도 유튜브 보느라 제 얘기도 못 들어주시는데 저한테는 휴대폰 보지 말래요."

아이도 성인도 스마트폰에 많이 노출되면서 우리가 놓치고 있던 현실입니다. 먼저 휴대폰을 내려놓고 아이와 눈 맞춤하며 아이의 말에 귀 기울이면서 적절하게 반응하고 있는지 반드시 체크해봅시다. 아이들은 부모가 자신에게, 그리고 타인에게 집중하는 모습을 보면서 자라기 때문입니다.

애플의 스티브 잡스와 팀 쿡, 마이크로소프트사의 빌 게이츠 등 글로벌 IT 기업 CEO들 역시 자녀에게 스마트 기기를 매우 제한적으로 사용하게 한 일화들은 이미 유명합니다. 스마트 기기의 부정적인 영향을 최소화하고 눈을 맞춘 밥상머리 대화와 소통을 중요시한 것이죠.

부모 또는 성인 대상 강의에서도 많은 분이 제 강의에 집중하며 고개를 끄덕이고 맞장구를 치며 박수까지 곁들일 때면 저는 마치 신들린 듯이 다른 강의보다 더 유용한 내용과 이야기를 술술 풀어냅니다. 반면, 억지로 교육에 끌려온 듯한 분이 많을 때는 저 역시도 긴장한 채 강의하고 내용 역시 밋밋해질 때가 있습니다. 이때 저는 저를 우리 아이에 대입하고, '아이가 얘기할 때 어떻게 반응해주어야겠구나.'를 다짐합니다.

여기에 하나 더, "오! 와! 진짜? 정말? 그랬어?" 같은 리액션까지 넣으면 아이는 안정적인 대화 분위기에서 생각과 의견을 말하는 데 편안함을 느끼고, 평가로부터 자유로워지면서 애착과 자존감을 형성합니다.

마지막으로 SBS 〈영재발굴단〉에 2015년 10월에 출연한 '희웅'이라는 아이의 이야기를 해보겠습니다. 8살 남자아이 희웅이는 '화학 천재'라 불릴 정도로 화학 지식을 줄줄 꿰는 영재성을 보였습니다. 실제로 영재성 검사에서 상위 0.6퍼센트의 영재로 드러났고, 이는 부모의 양육 태도가 큰 역할을 했다고 하는데요. 희웅이의 부모님은 청각장애를 가지고 있어서 항상 희웅이가 하는 모든 말을 놓칠세라 귀를 기울이고 눈을 맞추며 이야기에 집중했습니다. 10여 년 전 영상이지만, 어머님께서 희웅이에게 시선을 떼지 않은 채 고개를 끄덕이며 이야기를 들어주시는 모습이 매우 인상적이었습니다.

오늘, 그리고 지금 아이를 대하는 나의 모습은 어떤가요? 매번 눈맞춤이 어렵다면 시간을 정해서 매일 10분씩만이라도 아이와 적극적으로 대화해보세요. 처음에는 어색할 수도, 낯설기도 하겠지만, 그 어색함은 내가 연기력이 안 돼서, 소극적인 기질이라서가 아니라 단지 '안 해봤기 때문'입니다. 가족, 친구, 아이와의 대화에서 조금씩 시도해본다면 주변 사람들과의 관계나 반응이 달라지는 것을 경험할 수 있을 것입니다.

공감 대화③
- 무언가를 요청할 때
가능한 상황인지 먼저 물어본다

업무 지시를 내릴 때 앞뒤 맥락을 고려하지 않고 자신의 경험만을 바탕으로 '일방적 명령'을 하는 사람은 '꼰대'라고 무시당하는 시대입니다. 이런 반응은 이 시대가 강조하는 공감과 연관됩니다. 젊은 세대에 대한 이해와 배려가 부족해서 나오는 행동이 바로 일방적 명령이기 때문이죠.

내일 큰 프로젝트 수주 프레젠테이션을 앞두고 각 부서마다 맡은 일을 준비하느라 바쁜 상황입니다. 이때 과장이 들어와 이렇게 업무를 지시한다고 가정해봅시다.

- "김 대리, 내일 사장님께 원페이퍼로 제출할 보고서 정리해서 오늘 밤까지 내 책상 위에 올려놔! 내가 대리 때는 밤샘은 당연했어."
- "김 대리, 처음 맡은 프로젝트라 정신없지?(객관적 묘사) 우선순위 정해서 빠진 것 없나 체크해보고, 바쁘겠지만 내일 사장님께서 한눈에 볼 수 있는 자료가 필요해(바람). 원페이퍼로 정리해서 오늘 밤까지 내 책상 위에 둘 수 있어?(제안) 정 힘들면 다른 직원한테 부탁해볼게."

앞서 1번 항목에서 얘기했던 대화와 같은 '객관적 묘사 – 바람 – 제안' 공식이지요?

대화에서도 마찬가지입니다. 끝까지 집중해서 얼굴을 보며 이야기를 들어주려면 상황에 대한 양해가 먼저입니다. 그래서 일을 잘하고 공감 능력이 좋은 사람들은 "부장님, 이번 프로젝트 관련해서 간단히 보고할 것이 있는데 5분 정도 시간 괜찮으실까요?"라고 대화를 시작합니다.

이렇게 양해를 구하는 과정에서 우리는 그 사람의 상황을 가늠하기 위해 상대방의 입장을 생각할 수밖에 없습니다. 이것이 바로 공감이죠. 이렇게 공감과 배려를 받은 아이들은 다른 사람에게 무언가를 요청할 때 정중하게 부탁하게 됩니다.

"수진아, 엄마가 이번 여름방학 특강에 대해서 수진이 얘기를 듣고 싶은데, 10분만 얘기할 수 있어?"

"희준아, 아빠가 희준이 유치원 친구에 관해 얘기를 나누고 싶은데, 잠깐 시간 될까?"

이렇게 아이에게 '들을 준비'가 되었는지 물어보는 과정이 쌓이면 아이는 ① 내 시간을 존중받았다는 것에 자존감이 높아지며, ② 대화를 위한 시간을 확보하는 방법을 알게 되고, ③ 다른 사람의 시간과 우선순위, 일의 소중함을 알게 되며, ④ 다른 사람의 상황과 생각, 감정을 살피며 공감 능력을 키웁니다.

①~④까지의 과정이 내면화되려면 당연히 오랜 시간이 필요하겠죠? 그래서 어릴 때부터 스몰토크를 할 때에도 서로의 대화 시간을 양해해줘야 합니다. 이렇게 자란 아이들은 사춘기가 되어서도 자신의 고민을 털어놓을 때 부모님에게 양해를 구합니다. 저와 이런 과정을 겪은 아이들은 어느 순간 저에게 이렇게 얘기하죠.

"선생님, 저 새로 생긴 고민이 있는데 시간 되세요?"
"선생님, 저 발표에 관해 궁금한 게 있는데 지금 질문해도 돼요?"
"엄마, 나 한 5분 정도 할 얘기 있는데 지금 해도 돼?"
"아빠, 저 지금 레고가 잘 안 되는데 도와줄 수 있어요?"

반면 아이들이 싫어하는 잔소리를 분석해볼까요?

"아직도 방 정리 안 했어? 언제 말 들을래?"(우선순위 무시)
"이번 주 학원 스케줄 바뀌었으니까 체크해."(시간 및 의견 무시)
"밥 먹을 때 흘리지 말라고 몇 번을 얘기해!"(노력 무시)
"엄마가 유튜브는 숙제 다 하고 나서 보라고 했지?"(우선순위 다름)
"내일까지 과학 숙제해야 한다며… 왜 아직 시작 안 했어?"(시간 및 우선수위 무시)

내용만 보면 틀린 얘기가 없습니다. 우리 아이가 좋은 습관을 갖게 하기 위한 좋은 말들입니다. 하지만 이런 말투에는 아이에 대한 배려가 없습니다.

아이들은 이런 얘기를 반복해서 들으면, 더 이상 '나를 위한 이야기'라고 듣지 않고 '잔소리'라고 생각해 한쪽 귀로 흘리게 됩니다. 특히 아이들이 엄마들의 잔소리를 들으며 꼭 하는 말이 있죠? "아, 나 지금 막 공부하려고 했는데, 지금 막 청소하려고 했는데…." 어릴 땐 억울해하고 커서는 "그래서 딱 하기 싫어졌어."라고 합니다.

저 역시 엄마이기 때문에 아이들에게 잔소리를 안 할 수는 없습니다. 매일 아침 학교에 데려다주는 차 안에서 얼굴 보기 힘든 중학생 아들에게 저도 모르게 "너 어제 왜 학원 안 갔어? 동아리 때문에 못 갈 것 같으면 진작 선생님하고 엄마한테 전화했어야지."라고 내뱉으니 아이가 한마디합니다.

"엄마, 안 그래도 시험 준비 때문에 스트레스받는 아들한테 아침부터 그렇게 얘기하면 기분이 어떻겠어요? 나도 아니까 엄마가 옛날처럼 내 기분과 상황을 생각해주면 좋겠어요."

아이를 마주하는 시간이 줄어들면서 나도 모르게 아이의 상황을 배려하지 않았다는 데에 잠시 멍해졌습니다. 다른 사람에게 부탁하거나 대화를 나눌 때 배려하는 습관이 가족은 편하다는 이유로 적용되지 않았던 것입니다.

아이의 생각과 느낌이 보이지 않는다면 행동과 말을 관찰해보세요.

'지금 나의 말을 들을 수 있는 상황일까?'
'지금 내가 하는 말을 아이가 제대로 받아들일 수 있을까?'
'이런 행동을 하라고 하면 아이가 바로 할 수 있을까?'

이런 습관을 들이며 아이에게 접근한다면, 아이도 부탁이나 일을 함께할 때 타인을 배려하고 공감하는 자세를 배우게 됩니다. 그래야 AI 시대에 다른 사람과 유대 관계를 맺으며 원활하게 협업하고 리더십을 발휘할 수 있습니다.

공감 대화 ④
- 말하기 전에 상대방의 지식 수준,
관심 주제를 고려한다

　아이들이 할머니, 할아버지를 만나 유치원 얘기를 하다 보면 가끔 짜증을 내는 경우가 있습니다. 할머니, 할아버지는 예쁜 손주와 대화하고 싶어하지만, 요즘 한창 유행하는 놀이나 애니메이션에 대해서는 잘 모르셔서 자꾸 질문을 하시니 아이들이 답답해지기 때문입니다. 아이는 화자, 할머니와 할아버지는 청자라면 청자가 화자에 대한 배경지식이 부족한 셈입니다. 〈집으로〉라는 영화에서 손주가 할머니에게 '치킨'이 먹고 싶다며 닭을 설명했지만, 할머니는 '백숙'을 해주셔서 손주가 상을 뒤엎었던 상황과 같은 맥락입니다.

　어른들은 상대방이 세대, 지역, 연령별 차이가 클 때는 오히려 이해하려고 애를 씁니다. 하지만 비슷한 또래집단, 비슷한 지역과 관심 그

룹에서는 나도 모르게 '저 사람은 나와 비슷한 상황일 거야.'라고 지레짐작하다가 소통과 공감이 단절됩니다. 예를 들어, 디자인 전공 교수님이 MZ 세대인 대학생들에게 '아톰'을 예시로 설명한다거나 형이 서울에 한 번도 가보지 못한 부산에 사는 동생에게 '강북과 강남의 이동시간'을 얘기한다거나 기업의 생리와 재무제표를 모르는 고등학생에게 주식을 하라고 권유하는 것이 그런 상황입니다. 황당한 예시 같지만, 실제로 제가 코칭하면서 만난 어른들이 범하는 공감의 오류였습니다. 그렇다면 우리 아이를 대하는 나의 태도는 어떨까요?

제가 15년 전 강사교육을 받으면서 지금까지 마음에 새기는 정신과 전문의 노규식 박사님의 말이 있습니다.

"아이를 작은 어른으로 대하지 마라."

수업에서도, 아이를 키우면서도 아이가 '어떻게 저럴 수 있지? 왜 저렇게 말하지?'라는 생각이 드는 순간 제일 먼저 이 말을 떠올립니다. 아이가 태어나서 눈 맞춤하고 옹알이를 하고 단어와 문장을 시작할 무렵에는 아이가 '모를 수 있다'는 전제를 두고 아이에게 반응합니다. 하지만 아이가 만 3~5세가 되면 어린이집이나 유치원도 다니고 혼자서 화장실 가기, 밥 먹기, 씻기 등을 할 줄 알게 되니 일상생활에서 '작은 어른'으로 취급합니다. 다음 예문을 봅시다.

"5살인데 아직도 엄마가 떠먹여줘야 해?"	VS	'5살이면 혼자서도 잘 먹어야 할 텐데, 오늘 유독 엄마가 먹여주길 바라는 마음은 뭘까?'
"동생이 좋아하는 건데 좀 양보해주면 안 돼?"	VS	"동생이 좋아하는데도 양보하기 어려운 건 크리스마스 선물로 받은 소중한 선물이라서 그렇구나. 동생도 좋아하는데 시간을 정해서 빌려주면 어떨까?"
"이제 내일모레면 형님반인데 옷은 혼자 입을 줄 알아야지!"	VS	'형님반이라 한 살 더 크는 게 부담일까? 동생처럼 자기도 어리광을 부리고 싶은 걸까? 이 옷은 혼자 입는 방법을 모르려나?'
"엄마가 어린이집 다녀오면 항상 손부터 씻으라고 얘기했지?"	VS	"어린이집 다녀와서 친구들과 재밌었던 기분 때문에 손 씻기를 잊어버렸구나. 요즘 감기 때문에 꼭 손 씻어야 하니까 다음부턴 잘 기억하자!"

표 오른쪽의 말은 제가 아이들을 대하는 상황에서 '저 아이가 왜 그랬을까?'를 먼저 살펴보는 습관에서 나온 생각과 말이었습니다. 그렇다고 한마디를 할 때마다 아이를 다 이해하고 공감해주라는 것은 아닙니다. 과한 공감은 아이가 통제력을 배울 수 있는 기회와 경험을 앗아가기 때문에 '너와 내가 합의한 기준', '사회적 통념의 기준' 등을 근거로 단호해져야 합니다. 그렇다고 일방적인 명령이나 강요가 되면 아이

는 '겁이 많고 눈치 보는 성격'이 될 수 있겠죠. 위험하고 공정하지 않은 것 등에 대해서는 엄격하게 해야 아이는 올바른 사회인으로 자랄 수 있습니다.

아이가 스피치 학원에 처음 방문하면 먼저 '체험 수업'을 하고 아이의 현재 모습을 진단하며 등록 여부를 상담합니다. 이때 아이들은 대부분 수업을 마치고 "재미있어요."라며 좋아하지만, 간혹 수업에는 잘 참여했는데 막상 부모님에게 "학원 안 다니고 싶어요."라고 말하는 아이들이 있습니다. 이유를 물으면 '재미없다', '싫다'라고 하지만, 선생님 앞에서는 전혀 그런 낌새를 드러내지 않았죠. 다시 아이와 이야기하다 보면, 그제야 진짜 이유가 나타납니다.

'같이 수업 듣는 OOO가 쳐다보는 게 싫어서….'
'수업 시간에 뒷자리에 앉는 게 싫어서….'
'부모님이 데려다주는 걸 힘들어하고 불편해하시는 게 싫어서….'
'화요일에 학원 네 곳을 연달아 가는 게 힘들어서….'

아이는 아직 어리기 때문에 이런 이유는 본인이 해결할 수 없으므로 학원을 그만두면 된다는 섣부른 판단을 하게 되는 것이죠.

태권도 학원에 다니고 싶어하던 6세 아이가 있었습니다. 엄마는 "3월에 태권도 등록하자!"라고 했지만, 막상 학원에 보내려고 하니 아이는 계속 거부했습니다. 답답해하던 엄마는 형을 먼저 등록하기 위해 학원에 아이들을 데려갔다가 그 이유를 알게 되었습니다. 둘째가 "저는 태권도 학원에 다니고 싶은데, 아직 도복이 없어서 다닐 수가 없어요."라고 말한 것이죠. 원장님께서 "도복은 선생님이 선물로 주는 거야. 그럼 태권도 시작할 수 있겠지?"라고 말씀하시자 그제야 엄마에게 등록하겠다고 말했습니다. 무엇이든 준비물이 완벽하게 갖춰져야 시작하는 완벽주의 성향의 아이들이 종종 이런 모습을 보이죠.

친구들과 양육 환경이 달라 다르게 교육한 경우도 있습니다. 7살 남자아이들과 단어게임을 할 때는 보통 '사탕, 뽀로로, 유치원, 자동차' 등의 어휘를 활용합니다. 그런데 한 아이가 '트라이포트, 프로젝터, 줌인, 줌아웃, 홍삼, 노인복지'라는 단어를 제시했습니다. 친구들에게는 생소한 단어이니 아무도 맞출 수가 없었죠. 만약 아이에 대한 이해가 없었다면 "그런 단어는 친구들이 못 알아듣잖아. 다른 쉬운 단어로 문제를 내봐!"라고 다그쳤을 것입니다. 하지만 저는 아이의 생각과 육아 배경이 궁금해 어머님에게 여쭤보자 "주 양육자인 친할아버지가 영상학과 교수님이셨어서 그랬나 봐요."라고 이야기해주셔서 이해할 수 있었습니다. 그럼 이런 경우에는 어떻게 지도해야 할까요?

"시현이가 좋아하고 편한 단어로 문제를 내고 싶었구나. 하지만 다른 친구들과 함께 문제를 맞히도록 친구들과 했던 얘기에서 생각나는 단어로 문제를 내보자."라고 말해주며 아이가 잘못한 게 아니라 친구들에 대한 배경지식과 이해가 필요하다고 전달했습니다. 그러면 그 효과는 바로 나타납니다. 누군가와 대화할 때에는 상대방이 이해할 수 있는 단어를 사용해야 한다는 것을 알려준 셈이죠.

이처럼 스피치 수업에서는 '청자 파악과 모니터링'이 매우 중요합니다. 모든 스피치에서는 내 말을 듣는 사람이 누구인지, 누구에게 말하는 것이 가장 적절한지를 먼저 생각하도록 합니다. 그리고 발표가 끝나면 친구들에게 질문해 이해할 만한 내용인지, 친구들이 알아들을 수 있는 목소리의 크기, 속도, 강세 등을 체크하죠. 정확한 공감과 소통이란 '상대방이 제대로 알아들을 수 있는 말을 잘 표현하는 것'이기 때문입니다.

5~7세 아이들에게 "목소리 좀 크게 해봐. 말 좀 천천히 해야지. 왜 이렇게 꾸물거리는데!"라고 코칭하면 아이는 변하지 않습니다. 되레 이런 질문이 돌아오죠.

"목소리 크기를 얼마만큼 해야 큰 건데요?"
"저는 천천히 말하고 있는데요?"
"난 꾸물대지 않았는데 왜 그러는 거야?"

이게 바로 아이들의 속내입니다. 추상적인 개념을 이해하려면 만 10세, 즉 초등학교 고학년 정도는 되어야 합니다. '초저, 초고'는 이렇게 차이가 다르고, 이에 따라 교과서의 내용이나 이해할 수 있는 표현도 달라집니다. 예를 들어, 수학에서 저학년에는 시각적으로 표현되는 사칙연산과 평면도형 등 '수의 개념'을 배운다면 고학년부터는 분수, 입체도형 등 '수의 추상개념'을 배우고 어려운 문제를 시작할 수 있습니다.

그렇다면 이렇게 추상적인 말의 속도와 크기는 어떻게 알려주면 좋을까요? 아이가 이해할 수 있는 상황에 숫자를 대입하면 쉽게 배울 수 있습니다. 이 내용은 3파트 소통 스피치 팁에서도 자세히 다루므로 간단히 짚고 넘어가겠습니다.

- 1번: 엄마와 비밀 얘기할 때 속삭이는 소리
- 2번: 엄마와 밥 먹을 때 말하는 소리
- 3번: 엄마가 주방에 있을 때 부르는 목소리
- 4번: 엄마가 길 건너에 있을 때 부르는 소리
- 5번: 위험할 때 "도와줘!"라고 외치는 목소리

이렇게 숫자와 상황을 제시해주면 아이들은 빠르게 이해하고 어른도 목소리 크기에 관한 잔소리가 줄게 됩니다. 유아반 수업에서도 첫 시간에 이것을 가르치고 몇 번 연습하면서 소리 크기를 맞춰보면 금세 "엇, 2번 목소리라 잘 안 들린다. 3번으로 조금 높여볼까?", "아이고 얘들아, 다들 지금 5번 목소리로 대답하고 있네. 우리 3번 목소리로 대답해봅시다."라고만 해도 쉽게 조율이 됩니다.

말의 속도도 마찬가지입니다.

- 1번: 거북이걸음
- 2번: 말 걸음
- 3번: 토끼 뜀박질

이렇게 동물들의 움직임을 알려준 다음 그에 맞게 말의 속도를 조정해주는 것이죠.

한편 발표에 대한 두려움과 부끄러움 때문에 나도 모르게 몸을 움직이는 아이들이 있습니다. 과한 스트레스로 인해 눈 깜빡임이나 안면 근육 떨림, 손이나 머리 움직임 등 가벼운 틱 증상이 나타나는 아이들도 있습니다. 이런 증상은 빨리 고치지 않으면 성인이 되어서도 나타나는데요. 문제는 정작 본인은 전혀 모른다는 것입니다. 대체로 무의식중에 나오는 행동들이므로 자신의 모습을 모니터링하며 객관적으로 바라보고 다른 사람에게 어떤 인상을 주는지 확인합니다.

진정한 공감 대화는 아이의 배경지식과 경험, 그리고 진짜 생각을 들여다보고 아이가 이해할 수 있는 언어를 사용하는 것이 시작입니다.

부모와 아이가 서로를 이해하지 못하는 것 같다면 아이의 진짜 모습과 생각을 들여다보세요. 지금껏 미처 몰랐던 아이의 모습과 언어가 보일 것입니다. 2파트 '우리 아이 유형 파악하기' 편을 참고하면 더욱 좋습니다.

공감 대화 ⑤
- 모임에서 소외되는 사람 없이 모두를 대화로 이끈다

사람들은 저를 처음 만나면 방송했던 엄마, 아나운서 엄마니까 모임에서 말을 잘할 것이라 생각합니다. 하지만 저는 엄마 모임에 나가면 처음엔 정말 조용한 편입니다. 다른 사람들의 말을 경청하며, 누가 어떤 주제를 좋아하는지 관찰하는 시간이 필요해서인데요. 공감 대화를 잘하는 분들은 대체로 자신의 이야기보다 남의 이야기를 잘 끌어주는 사람이 많습니다. 즉, 상대방이 하고 싶은 말을 자연스럽게 이끌어내고, 모든 사람이 골고루 이야기할 수 있도록 신경 쓰는 유형이죠.

예를 들어, 설 명절 전에 모임이 있다고 가정해봅시다.

"설 연휴 때 시어머니가 올라오신다 해서 걱정이에요. 잠자리도 상차림도 신경 쓰이는데, 뭘 어떻게 해야 할지…. 그런데 남편은 어머님이 1년에 몇 번이나 오시냐면서 대수롭지 않게 생각하더라고요. 깐깐한 어머님 성격 다 알면서…. 진짜 이럴 땐 남의 편 같아서 서운해요."

이런 식으로 말을 꺼내면 다른 사람들은 궁금하지 않은 남의 시댁 이야기를 일방적으로 들었다고 생각해서 불편할 수도 있습니다. 그렇다면 다음과 같은 시작은 어떨까요?

"이번 설 연휴 때 여행이나 지방에 시댁 가는 분들 있어요? 다들 어떻게 보내세요?"

이런 화두를 던지면 모두 자연스럽게 본인의 설 연휴 계획을 말하면서 다른 사람의 이야기도 궁금해할 것입니다. 이런 타이밍에 앞의 이야기를 꺼내면 집중이 더 잘 되고 모두가 귀를 기울여주겠죠.

유명한 방송 진행자들을 떠올려보세요. 모두 자신의 이야기보다는 출연자가 더 많은 말을 하도록 질문을 던집니다. 아나운서, 리포터, MC 등 방송 진행자 직군에서도 실력을 인정받으려면 '말을 화려하게 잘하는 것'보다는 '다른 사람이 편안하게 말하도록 이끄는 것'이 좋습니다. 저 역시도 라디오 프로그램을 진행하고, 수많은 사람을 인터뷰하면서 어떤 질문을 해야 청취자들이 가장 원하는 답변을 끌어낼 수 있을지 생각하는 게 습관이 되었습니다.

이런 연장선에서 아이가 '말이 없다', '단답형이다', '말이 짧다'라는 고민을 안고 오시는 부모님들에게는 질문을 바꿔보라고 권하기도 합니다. 매일 자주 하는 질문 몇 가지를 비교해볼게요.

"어린이집 재미있었어?"
"친구랑 놀았어?"
"지금 하기 싫어?"

이런 질문은 '예/아니오' 또는 단답형 대답이 나오는 질문이므로 '폐쇄형 질문'이라고 합니다. 그렇다면 질문을 바꿔볼까요?

"어린이집에서 '뭐'가 재미있었어?"
"친구랑 '어떻게' 놀았어?"
"'왜' 지금 하기 싫어?"

무엇을(What), 어떻게(How), 왜(Why)가 포함된 질문은 아이의 생각을 열어주는 '오픈형 질문'입니다. 위의 두 대화를 다시 비교해봅시다.

"어린이집에서 재미있었어?"
→ "네."
"친구랑 놀았어?"
→ "응."
"지금 하기 싫어?"
→ "아니."

"어린이집에서 뭐가 재미있었어?"

→ "색종이 접기가 재미있었어."

"친구랑 어떻게 놀았어?"

→ "미끄럼틀에서 술래잡기 했어."

"왜 지금 하기 싫어?"

→ "그냥 지금은 피곤해."

이 세 가지 형식의 질문은 생각하는 힘을 길러줍니다. 아이뿐 아니라 스스로에게도 매일 루틴하게 하는 일들에 대해 질문해보세요.

"매일 자기 전에 하는 일이 뭐예요?"

"된장찌개는 어떻게 끓여요?"

"왜 6시에 기상하세요?"

일 하랴, 애 보랴, 살림하랴 바쁜 일상에서 별생각 없이 하던 일들을 한 번 더 돌이켜보고, 이 물음에 답하는 과정에서 과오를 반성하거나 자신을 칭찬하기도 합니다. 이런 질문은 상대방에 대해 궁금하다는 언어적 표현입니다. 그렇기 때문에 공감 대화를 잘하는 사람은 답변을 경청한 다음 추가 질문을 던지므로 소통에서 '핑퐁'을 경험합니다.

아이에게 하고 싶은 말이 많다면, 아이의 생각을 듣기 위한 질문으로 대화를 시작해보세요. 단, 이때 질문을 잔뜩 준비한 채로 속사포처럼 뱉어내선 안 됩니다. 그러면 아이는 마치 취조당한다는 생각에 말을 편안하게 할 수 없고, 부모님과 대화를 끝내고 싶어 단답형으로만 대답합니다.

반면 이렇게 대화를 주고받아본 아이는 친구들 사이에서도 독단적으로 자신의 말을 강요하기보다는 친구들의 말에 귀를 기울이고 주제에 맞게 질문을 잘 던지는 아이로 클 수 있습니다. 나아가 초등학생, 중·고등학생이 되어가며 생각의 깊이가 깊어지고 자신의 부족한 배경지식을 채우고자 독서와 공부에 대한 의지가 생깁니다.

생각이 짧아지는 아이들의 문해력 키우기

2024학년도 대입수시전형에서부터 자기소개서가 없어졌습니다. 전형에 따라 교과 성적 또는 학생생활기록부(이하 생기부)와 면접, 논술, 실기 등으로만 학생의 역량을 평가합니다. 이에 대해 입학사정관들은 "생기부에 나온 내용으로만 평가하기에는 한계가 있다. 그러니 자신의 역량을 보여줄 수 있는 다양한 대외 활동과 학교의 객관적인 평가가 필요하다."라고 조언했습니다.

자기소개서가 없는 첫해 입시를 준비하면서 업계에서는 학생들의 깊게 사고하는 능력과 자기주도성이 약하다고 판단했습니다. 이전에는 자기소개서라는 1~2장의 문서를 작성하면서 내가 진짜 원하는 공부가 무엇인지, 지원 동기는 무엇인지, 입학 후 어떤 계획으로 공부하고 졸업 후 어떤 방향으로 진로를 결정할지 고민하면서 고교 생활에서 부족했던 점을 깨닫고 입학 면접에서 간절한 태도와 자세를 갖출 수 있었습니다. 하지만 이런 고민의 시간 없이 면접에 임하면 생각보다 양질의 답변을 얻기 힘들다고 입학사정관들은 평가합니다.

면접의 형태만 잘 분석해도 대학에서 원하는 공부 방법, 원하는 인재를 잘 알 수 있는데요. 상위권 대학은 인문·과학·사회 분야의 지문을 바탕으로 자신의 생각을 정리하거나 창의적으로 답변해야 하는 면접 형태가 많습니다. 이로써 입학 후 관련 분야의 논문을 읽고 자신만의 연구를 할 수 있는 역량이 있는지 보는 것이죠. 앞서 강조한 대로 의사소통 능력을 겸비한 문해력을 점검하는 단계입니다. 중상위권 대학도 단순 서류 확인 차원에서 더 나아가 의미 있는 학교 활동, 지원 동기를 구체적으로 물어보며 진로 고민, 학습 동기, 지원 학교에 대한 간절함 등을 점검합니다.

이에 앞서 영재고, 과학고, 자사고, 외고 등 특수목적 고등학교 입시는 자기소개서와 면접 등으로 전형이 진행되는데, 이는 중학교 생기부 기록이 고등학교만큼 자세하지 않아 객관적인 평가가 어렵기 때문입니다. 4~5년 전과 달리 2024년 입시에 유독 많은 학생이 이에 대한 도움을 요청했습니다.

과거 공부에 관심이 높은 학생들은 외교관, 해외특파원, 국제환경운동가, 생명공학 연구원, 제약 연구원 등 다양한 꿈을 가지고 중학교

때부터 사회·과학 분야의 주제 논문을 찾아보며 R&D(Research and Development)를 깊이 있게 공부했습니다. 어떤 아이는 과학 시간에 배운 유전공학과 세포이식복제 내용을 바탕으로 의학 논문 사이트와 TED 영상 등을 찾아보며 인간과 동물의 장기 이식, 세포 복제, 나아가 이를 『별주부전』에 적용해 용왕과 토끼를 모두 살리는 내용으로 각색하기도 했습니다. 이 학생은 이후 신약개발의 꿈을 안고 약학으로 진로를 결정했습니다.

하지만 최근 지도한 학생들은 수행평가 시간에 수동적으로 주어진 주제에 대해서만 활동했고, 자료 조사도 유튜브나 관련 책 몇 권에 머물렀습니다. 발표 시 연계 질문을 던지면 당황하는 모습을 보였습니다. 물론 영상과 인터넷 사용이 자유로운 세대이다 보니 예전보다 다양한 간접 체험 경험은 많이 하게 되었지만, 이를 심화·발전시키는 단계는 축소된 느낌입니다. 더군다나 코로나19의 마스크 학번들은 학급 활동, 또래 집단 경험, 수학여행 등 단체생활 경험이 부족하다 보니 인성 영역이 부족한 점도 부작용으로 나타나고 있습니다.

이런 현실적인 입시 이야기를 하다 보면 지금 이 책을 읽고 있는 어머님들은 아직 우리 아이가 어려서, 나중에 입시제도가 어떻게 변할지 몰라 와닿지 않는다고 하실 수도 있습니다. 하지만 교육 현장에서 15년을 지내보니 제가 수험생이었던 20여 년 전이나 지금이나 강조하는 교육제도와 대입 방향은 ①교과서와 학교 중심의 교육, ②다양한 과목을 융합한 열린 창의성, ③혼자가 아닌 사회 구성원들과의 원활한 소통이라는 큰 틀을 유지하고 있습니다. 여기에 AI 환경이 더해지면서 반복 학습이라는 기계적인 공부보다 스스로 탐색하고 발전하는, 즉 AI가 하지 못하는 영역이 더욱 강조되고 있습니다.

그렇다면 지금 당장 우리 아이에게 무엇을 해주어야 할까요? 문해력을 키우기 위해 한글을 빨리 가르치고 책을 많이 읽혀야 할까요? 동네 아이들이 모두 간다는 ○○○ 학습관의 영재 프로그램에 서둘러 등록해야 할까요?

저는 우리가 '공부'라고 말할 만한 본격적인 학습이 초등학교 5학년 때부터 시작된다고 생각합니다. 특정 분야에 특출난 재능이 있어서 영재 검사와 영재 교육이 필요한 소수의 몇몇 아이들을 제외하면 그때부터 공부를 시작해야 제대로 빛을 볼 수 있습니다.

다만 이때 빛을 보는 아이들이 공부 의욕을 갖게 하려면, 그 이전에 연령에 맞는 '세상 경험'과 '소통 연습'이 필요합니다. 특히 2020~2022년생 아이는 태어나자마자 부모님은 물론 산부인과 의사·간호사 선생님, 세상의 모든 사람이 마스크 쓴 모습만을 보며 자랐기 때문에 언어 지연과 경험 부족의 문제가 교육 현장에서 나타나고 있습니다.

지금 책을 읽는 이 순간, 어린이집에서 놀고 있을, 내 옆에서 종알거리며 노는, 천사처럼 잠든 우리 아이는 세상을 온전히 경험하고 만나는 모든 사람과 기분 좋게 소통 연습을 하고 있을까요?

농민신문 PiCK · 2주 전 · 네이버뉴스 **코로나**19 이후 아이들...**언어**·행동·인지 성장 느리다? ◆팬데믹 세대, **언어**·행동 등 발달 **지연**=팬데믹 세대(Pandemic generation)는 **코로나**19 시기에 출생한 아이들부터 학령기에 이르기까지 다양한 연령대가 포함된다. 실제로 미국·영국·독일·네덜란드 등 다양한 국가에서 ...	
동아일보 PiCK · 2023.11.06. · 네이버뉴스 "**코로나**때 아이 **언어발달 지연**"... 영어 대신 독서학원 인기 ● **발달지연** 아동 4년 만에 2배로 독서학원의 주 대상은 6~10세 어린이들이다. 해당 연령대 어린이들은 다양한 상호작용을 통해 **언어**를 활발하게 익혀야 할 시기에 **코로나**19를 겪었다는 공통점이 있다. 마스크를 쓴 ...	
메디게이트뉴스 · 2023.07.11. 영유아 **발달지연** '심각'..."5년 뒤 경계성 지능장애 폭발적 증가 ... 지난 2021년 더불어민주당 정춘숙의원실과 사교육걱정없는세상에서 진행한 설문조사에 따르면 어린이집 교사의 75%가 **코로나**19로 아동의 **언어 발달지연**이 나타나고 있다고 우려했다. 이 같은 교사들의 우려는 신 교...	
스포츠조선 · 2022.08.08. · 네이버뉴스 **코로나** 장기화, 영유아 **언어**·사회성 **발달 지연**..."놀이 통한 **언어**... **코로나**19 장기화가 영유아들의 **언어** 발달과 사회성 **발달**을 지연시켜 적극적인 대책이 필요하다는 지적이 나왔다. 부산여성가족개발원의 제57호 브리프 '**코로나**19와 영유아 보육 경험 및 요구(강하라 연구위원)'에 따르...	

코로나19로 마스크를 쓰고 생활한 유아의 발달 문제 기사

무엇을 어떻게 준비해야 할지 알려면 앞서 잠깐 언급한 전두엽에 대해 이야기해보겠습니다. 전두엽은 흔히 공부머리라고도 불리는데, 측두엽, 후두엽 등 언어·감각을 담당하는 뇌를 통해 인지한 것을 모으는 집합소 같은 곳입니다. 다양한 정보를 수집해 서로 연결하고 발

전두엽의 다양한 기능

전시키는 것과 동시에 공감을 담당하는 부위이기 때문에 전문가들은 하나같이 공부머리와 일머리를 키우려면 전두엽을 활성화해야 한다고 조언합니다. 그리고 연령별로 이 전두엽이 활성화되는 시기가 다르기 때문에 '적기두뇌, 적기교육'이라는 말이 있는 것이죠(추천도서: 『아이 뇌가 열리는 결정적 순간을 놓치지 마라 적기두뇌』, 김영훈, 경향미디어, 2002).

세상의 다양한 경험

초등학교 입학 전까지의 학습은 어린이집과 유치원에서 배우는 과정만으로도 충분합니다. 이때 배우는 누리과정은 수십 년간 교육 전문가들이 만든 사회에서 필요한 지식과 경험이 담겨 있습니다. 사계절과 24절기, 주변 사람과 지역 사회에 대한 탐색, 공공장소에서의 예의, 사회 구성원과의 소통 방법을 다양한 활동으로 배울 수 있습니다. 세상 경험이라고 해서 꼭 여행을 다니고 체험 활동을 하라는 말이 아닙니다. 일상생활에서 자연스럽게 접할 수 있는 것을 최대한 활용하면 되죠. 이런 경험들은 전두엽에 장기기억으로 저장되어 앞으로 인생을 살아가는 데 필요한 지침이 됩니다.

저는 어릴 때 유치원에서 집으로 오는 길에 유치원 버스에서 지나가며 보았던 논밭과 전철역 풍경, 사람들의 모습을 아직도 기억합니다. 엄마를 만나 함께 집으로 걸어오는 길에 주운 봉숭아 꽃, 쪽쪽 빨아먹었던 샐비어 꿀, 놀이터에서 해가 질 때까지 만든 수십 채의 두꺼비집, 다른 동네에서 이사 온 친구와 친해지고 싶어서 함께하자고 먼저 이야기한 여러 놀이들이 아직도 기억에 남습니다. 엄청난 폭우로 캠프 프로그램이 취소되어 유치원에서 친구들과 밤에 인디언 놀이를 했던 추억은 어른이 되어서도 캠핑을 가거나 친구들과 밤샘을 할 때 생생하게 떠오릅니다.

요즘 들어 우리 아이 공부 좀 시켜야겠다는 생각에 '한글 공부를 시켜야 하나?', '영어 동영상으로 영어 귀를 틔워줘야 하나?', '옆집 애는 벌써 구구단을 외운다던데, 수학 학습지를 시작해야 하나?'라는 고민에 빠진 사람이라면 다음 책을 꼭 한번 읽어보길 권합니다.

무엇이든 나누어 가지라. 사용한 물건을 제자리에 놓으라.

내 것이 아니면 가져가지 말라. 균형 잡힌 생활을 하라.

다른 사람을 아프게 했으면 미안하다고 말하라.

– 『내가 정말 알아야 할 모든 것은 유치원에서 배웠다』
(로버트 풀검, 알에이치코리아(RHK), 2009, p.19)

상상의 세계를 경험하기

경험에는 '직접 경험'과 '간접 경험'이 있습니다. '직접 경험'은 오감을 활용해 보고 듣고 느끼고 만지고 냄새 맡으며 인지하고 배우는 것이고, '간접 경험'은 타인의 말 또는 글을 통해 듣고 읽음으로써 배우는 과정이며, 가장 대표적인 통로가 바로 '책'입니다. 문해력이 강조되는 이유는 책에서 배운 배경지식이 세상을 이해하고 소통하는 데 중요하기 때문입니다.

하지만 영상에 일찍부터 노출되는 지금의 아이들은 독서 경험이 영상으로 대체되면서 전두엽 기능이 축소되고 있습니다. 책을 읽을 때, 아직 글을 모르는 아이들은 부모님이 읽어주는 내용을 들으며 언어를 인식하고 그 단어의 뜻을 생각하며 이야기의 흐름을 이미지로 '시각화'합니다. 이때 동화책에 있는 그림이나 사진을 참고하면 더 사실에 가깝게 이해할 수 있죠. 그 짧은 간극에서 자신이 상상한 이미지와 현실을 비교하며 잘못된 것은 바로잡고, 제대로 인지한 것은 더 강화해

평생 기억에 남는 장기기억으로 저장합니다. 아이들은 이처럼 책장 한 장을 넘기는 찰나의 순간에도 세상을 경험합니다. 반면, 유튜브, 틱톡, 릴스 등 짧고 빠른 영상으로 시간을 보내는 아이는 상상을 펼치는 단계, 즉 전두엽이 활성화되는 단계가 생략됩니다.

수업 때 교통수단에 대한 이야기를 나누며 읽는 책이 있습니다. 『고무신 기차』라는 제목의 이 책은 윤수와 윤미라는 남매가 집 근처에 기차가 지나가는 것을 보며 외가에 가고 싶어 왕고무신을 연결해 고무신 기차를 만들고 이동하는 여정을 그렸습니다. 이 책을 읽으며 아이들과 이야기를 나누다 보면 고무신에 대한 질문, 연결 방법에 대한 다양한 의견, 고무신 색을 바꾸고 싶다 등 듣기만 해도 웃음이 저절로 나는 상상의 나래가 펼쳐집니다. 그런 아이들의 머릿속에서 반짝반짝 빛나고 있을 전두엽이 눈에 보이는 듯합니다.

만약 이 『고무신 기차』를 유튜브로 제작한다면 어떤 영상이 나올까요? 아이의 몸집만 한 고무신을 구하기도 힘들 뿐 아니라 연결하는 것도 쉽지 않고, 모래밭, 자갈밭, 강물을 건너는 모습을 담기에는 한계가 있을 것입니다. 수학·과학적 지식을 총동원해 만든다 하더라도 분명 현실화의 한계는 존재합니다. 바로 이 점이 아이들이 보는 영상에서 나타나는 단점입니다.

2003년 출간된 댄 브라운의 『다빈치 코드』라는 소설이 있습니다. 하버드대학교 기호학과 교수인 랭던이 세미나 참석차 파리에 방문했다가 루브르박물관에서 살인 사건을 마주하고 박물관 큐레이터의 손녀 소피와 함께 사건을 조사하는 과정을 그린 이야기입니다. 저는 이 책을 읽을 때 몇 년 전 다녀와 기억이 가물가물한 루브르박물관을 떠올리며 구석구석을 상상해봤습니다. 그 공간에서 쫓고 쫓기는 긴장감에 한 페이지를 넘길 때마다 가슴이 콩닥거리는 기분, 사건이 하나씩 풀려나가는 짜릿함에 반해 책을 몇 번이고 다시 읽었습니다. 그리고 3년 뒤인 2006년, 론 하워드 감독이 소설을 바탕으로 동명의 영화를 제작했습니다. 책을 읽었을 때의 흥분과 설렘을 안고 영화를 봤는데, 안타깝게도 책을 읽으며 느꼈던 그 감정은 반도 느끼지 못할 정도로 영상의 한계를 느꼈습니다.

아이들에게 내가 경험한 것 이상의 세상을 알려주고 훗날 '공부 잘하는 아이, 일 잘하는 아이'로 키우고 싶다면, 책을 통해 아이의 상상력을 키우고 생각의 깊이를 만들어주세요.

소통 대화 충분히 하기

"이미 다른 애들 다 보는데 우리 아이만 안 볼 수 없잖아요."
"집에서 아무리 숨겨놔도 저보다 스마트 기기를 더 잘 다뤄요."
"24시간 붙어 있는 것도 힘든데 영상 보여주는 시간만이라도 숨통을 좀 틔우고 싶어요."

이렇게 이야기하는 부모님들의 원성이 들리는 듯합니다. 저 역시 그랬으니까요. 스마트폰이 등장한 초창기에는 '보여주면 안 된다'는 교육이 가능했지만, 이제는 스마트폰 없이 세상과 소통이 어렵다 보니 오히려 전문가들은 무조건 금지하기보다는 '제대로 잘 사용'할 수 있도록 지도해야 한다고 말합니다. 다만, 부모 세대 역시 스마트폰을 처음 경험하므로 올바른 사용법을 배워야 하죠.

아이의 전두엽을 키우기 위해서는 충분한 대화를 나누며 스마트폰을 사용하도록 해야 합니다. DVD 교육 영상이나 어린이 채널의 영상 역시 함께 보면서 아이와 눈을 맞추며 내용에 관해 이야기를 나누는 것이 중요합니다. 그러면 빠른 속도로 지나간 영상과 이미지, 소리와 언어를 다시 한번 떠올리며 그 기억들을 연결해 새로운 생각을 만들어낼 수 있기 때문이죠.

태블릿 PC로 영상을 보는 아이들이라면 시청 시간에 대한 통제력을 키울 수 있도록 '뽀모도로 타이머'나 '구글 타이머' 등을 활용해 약속한 시간을 반드시 지키도록 하고, 시간을 정할 때에도 부모의 일방적인 통제가 아니라 아이가 시간을 가늠하고 지킬 수 있도록 함께 토의해야 교육 효과를 볼 수 있습니다.

이런 대화 과정에서 아이들은 생각하고 소통하는 연습을 합니다. 아이의 수만 가지 질문에 모두 대답하기는 어렵습니다. 아이와 소통하는 과정에서 더 큰 스트레스를 받는 부모님도 있습니다. 하지만 꼭 하고 싶은 이야기는 그 순간이 영원하지 않다는 것을 알면 되레 소중하게 느껴질 것이라는 점입니다.

저 역시도 선배 엄마들로부터 "엄마 바라볼 때가 좋을 때야. 아빠 찾을 때가 행복한 거야."라는 조언을 들어서 막연하게나마 아이들과 많은 시간을 보내기 위해 노력했는데, 아이들이 중고생이 되고 보니 그게 무슨 말이었는지 뼈저리게 느끼고 있습니다.

초등학교 고학년만 되어도 아이는 '친구 관계'에 우선순위를 두기 시작합니다. 친구들끼리 스티커 사진을 찍고, 마라탕을 먹으러 우르르 몰려다닙니다. 혹여 주말에 가족 여행이나 나들이가 잡히면 친구들 모임에 혼자만 빠지고 싶지 않아 가족과 보내는 시간을 거부합니다. 중학생이 되면 더욱 또래 집단과의 유대관계가 깊어지면서 부모님의 말보다는 친구의 말을 더 중요하게 여기고 친구와의 약속을 먼저 챙깁니다. 국영수 학원 두세 곳만 다녀도 밤 10시가 다 되어야 집에 들어오죠. 고등학교를 기숙사가 있는 곳으로 진학하면 아이의 얼굴을 보고 대화를 나눌 시간은 이제 주말 잠깐밖에 없습니다. 대학생이 되면 '집에는 들어오려나?'의 수준이 되죠.

"아이의 어린 시절 대화와 소통은 '적금'이다."라는 말이 딱 맞는 표현입니다. 대기업에서 월화수목금금금을 업무에만 매달리며 하숙집처럼 집에 들르던 남편 덕에 저는 두 아들을 독박육아로 키웠습니다. 하지만 아이가 점점 자랄수록 힘을 쓰는 놀이, 대화의 깊이를 키우기 위

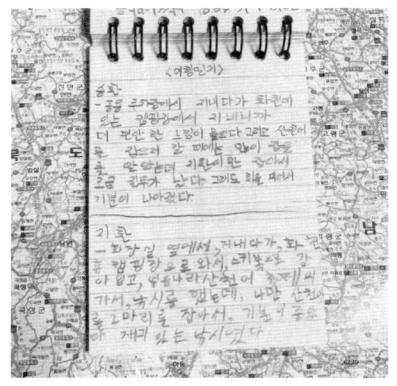 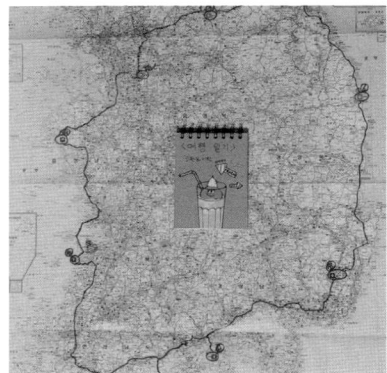

아빠와 떠난 캠핑에서 쓴 일기와 전국 일주 코스

해서도 아빠의 육아가 필요했는데요. 그래서 시작한 것이 바로 '캠핑'이었습니다. 아이들은 캠핑을 다니면서 집을 짓고 요리하고 자연을 탐색했고, 남편 역시 모닥불을 피우고 불멍을 하면서 아이들과 깊은 이야기를 나누었습니다. 물론 처음부터 수월하지는 않았습니다. 아이들이 아침 또는 저녁에 잠깐씩만 봤던 아빠를 어색해했기 때문입니다.

하지만 아이들이 자라면 나중에 후회할 것이라는 주변의 조언을 듣고 남편은 아이들이 9살, 11살이었을 때 학원과 다른 일정을 모두 빼고 26박 27일 동안 캠핑카를 끌고 강원도, 경상도, 전라도, 충청도를 훑으며 전국일주를 했습니다. 저는 여행에서 빠져 부자들만의 유대관계를 더욱 돈독히 가졌습니다.

한 달도 안 되는 시간이었지만, 그때의 기억과 추억, 그리고 아빠와 소통한 시간 덕에 아이들이 사춘기를 지나는 요즘은 소위 '계탄 기분'으로 무사히 넘어가는 중입니다. 방문을 걸어 잠그고 부모의 소셜미디어 계정을 차단하며 친구들과의 관계를 더 앞세우는 아들들이지만, 정작 고민이 생기고 힘든 일이 생기면 자연스럽게 아빠와 대화를 나누고 엄마에게 도움을 요청하기 때문입니다.

그래서 저는 바쁜 아빠 때문에 육아를 혼자 다 감당하기 힘들어하는 엄마들에게 한 학기에 한두 번만이라도 좋으니 아빠와 꼭 캠핑을 보내라고 추천합니다. 캠핑에는 경험을 쌓는 효과도 있지만 무엇보다 대화 연습, 공감 연습, 경청 연습을 할 수 있는 최고의 활동이기도 하고, 이때의 경험은 부모들이 두려워하는 사춘기를 슬기롭게 넘길 수 있는 보장성 보험, 적금 같은 것이기 때문입니다.

Part 2

공감의 시작,
우리 아이
유형 파악하기

우리 아이
어떤 아이일까요?

부모님들과 상담하면 마지막에 꼭 하시는 이야기가 있습니다.

"얘가 누굴 닮아 이런지 모르겠어요."

아이를 낳을 때 '엄마 A와 아빠 B가 합쳐졌으니 AB가 나오겠지'라는 기대는 포기해야 합니다.

빨간색 물감과 파란색 물감을 합치면 태극기 문양이 나오는 것이 아니라 보라색이라는 새로운 색이 나옵니다. 즉, 아이는 엄마와 아빠 더 나아가 양가 할아버지, 할머니의 DNA가 모두 어우러지며 새로운 인간을 만들어낸 것이기 때문에 당연히 내가 몰랐던 나의 기질, 나에게는 없지만 다른 형제에게 있었던 다양한 기질들이 부모를 당황하게 만든 것이죠. 물론 후천적 육아 방식에 의해 학습된 기질도 있습니다.

그렇다면 그것이 무엇인지, 어떤 것인지 파악하고 나면 육아는 조금이나마 쉬워지고 원하는 방향으로 양육하는 게 가능합니다. 지금부터는 내 아이에 대해 알아가는 과정, 그 과정에서 어떤 대화와 놀이를 통해 아이의 리더십, 소통 능력, 스피치 역량을 키울 수 있는지 알아보겠습니다.

아이의 성격과 기질을 파악하는 방법에는 여러 가지가 있지만 그중에서도 많은 사람을 대상으로 통계를 낸 객관적 지표를 활용하는 것이 도움이 됩니다. 어릴 때를 돌아봅시다. 처음 친구를 사귈 때, 친구의 성격이 궁금할 때 혈액형을 곧잘 물어보지 않았나요? 물론 혈액형 성격 구분에는 과학적 근거가 없습니다. 그렇지만 혈액형은 부모에 의해 결정되고 아이는 부모님과 함께 자라며 성격과 생활 방식을 답습하기 때문에 어느 정도는 닮거나 반하는 행동을 하겠지요. 그런 분석이 쌓이면서 혈액형별 성격이 나타나지 않았을까 싶습니다.

혈액형별 성격의 본질은 이렇게라도 우리가 상대방을 이해하려고 노력했다는 점입니다. 아이도 마찬가지입니다. 아이에 대해 정확하게 이해하려면 성격별 유형을 알아두는 것이 도움이 됩니다. 다만 이때 혈액형 그대로 A형과 O형으로 특정 짓는 것이 아니라, 'A형의 성격 유형과 기질이 많이 나타난다.'라고 퍼센트로 파악한 다음 이를 바탕으로 장점은 강화하고 단점은 보완해주어야겠죠.

"아이들의 모든 언행에는 이유가 있다."

이 말은 이번 장에서의 기본 전제입니다. 아이들의 말과 행동에는 너무 다양하고 복잡한 이유가 있기 때문에 부모님들이 어려워하는 것이고, 나도 모르게 '나'를 기준으로 말이 튀어나오면 결국 뒤돌아 후회하는 말을 내뱉게 됩니다. 부부도 서로를 100퍼센트 맞출 수 없듯 완벽한 부모는 없습니다. 그저 아이와 부모의 기질, 유형, 성격, 생각이 다른 부분을 좁혀나가기 위해 노력하는 것이 소통하는 부모의 자세입니다.

이번 장에서는 제가 아이들과 수업하고, 상담하고 코칭하면서 아이에 대해 쉽게 파악할 수 있는 몇 가지 비결을 공유하고자 합니다. 많은 성격 유형 전문가의 강의와 육아서, 다양한 매체를 통해 이미 진단하는 방법을 알고 있겠지만, 저는 이번 장에서 진단 이후 결과를 어떻게 아이에게 공감하고 대화하는 도구로 사용할 수 있는지 풀어보겠습니다.

① 연령별 특징 이해하기

아이가 거짓말을 자주 해 학교에서 친구들과 사이가 좋지 않다는 이유로 상담하러 온 부모님이 있었습니다. 아이는 초등학교 2학년으로, 엄마는 "아이가 스피치를 배워서 친구들과 솔직하게 대화하고 자신감 있게 발표했으면 좋겠어요. 이 부분을 중점적으로 키워주세요."라고 요청했습니다. 특히 아이가 배우는 속도가 느리니 시간이 오래 걸려도 꾸준히 하면 된다는 믿음으로 수업해달라고도 부탁하셨어요. 저희도 조급하게 생각하지 않고 학년 수준에 맞게 수업했고, 아이는 밝은 성격이었지만 자기표현이 강해 친구들에게 종종 자랑을 한다는 점도 염두에 두고 코칭했습니다.

아이는 수업 시간에 "학교에서 피구를 했는데 제가 끝까지 남아서 이겼어요.", "친구들과 종이접기를 했는데 저만 크리스마스트리를 접었어요."와 같은 이야기를 했습니다. 그런데 사실을 확인해보니 거짓말인 경우가 있었고, 어머니는 결국 전문기관에서 심리검사를 받은 다음 저희에게 결과를 공유해주셨습니다.

"아이가 유아기에 연령에 맞는 신체놀이를 충분히 하지 못했고, 학습 위주로만 교육받아 대근육과 소근육이 균형 있게 발달하지 못했습니다. 그러다 보니 신체 활동을 배우는 속도는 언어로 이해하는 속도보다 느립니다. 정신적 발달 속도보다 신체적 발달 속도가 느려서 자기 뜻대로 되지 않을 때 '말'로 잘하고 싶은 욕구를 과하게 표현하다 보니 거짓말을 하게 된 것입니다."

이런 진단을 들은 뒤 되돌아보니 아이가 거짓말한 활동은 대체로 피아노 치기, 운동, 종이접기 등 소근육 활동들이었습니다. 아이도 몸으로 무언가 잘하고 싶은 마음이 앞섰던 것이죠. 어머님께서는 시간을 되돌릴 수 없는 현실에 안타까워하셨지만, 지금부터라도 소근육 운동을 다시 시작하기로 하셨고, 저희 역시 그와 함께 아이 수준에 맞는 스피치 코칭을 진행했습니다.

　침대에 누워 있던 영아가 갑자기 운동장을 뛰어다닐 순 없습니다. 뒤집기 – 배밀이 – 기기 – 걷기 – 뛰기 순서로 신체가 발달하고 어린이집과 유치원에서도 각 연령별·신체적 특징에 맞는 대근육 – 소근육 발달 놀이를 적기에 적용합니다. 부모님은 시기에 맞는 영유아 건강검진을 통해 아이가 무리하고 있지는 않은지, 눈에 보이지 않더라도 적절하게 발달하고 있는지 체크하는 것이 중요합니다.

　아이들이 걷고 뛰기 시작하면 부모님은 잡으러 다니기 바쁘고 아이는 잠깐 못 본 사이에 어딘가에서 울고 있는 일도 많습니다. 특히 생후 18~24개월 사이에 신체 활동량이 크게 늘면 이런 일이 자주 일어납니다. 이때 어른이 하는 행동을 따라 하며 높은 데서 뛰어내리기, 내리막 달리기, 문 열고 물건 끄집어내기 등 "내가~ 내가~"를 외치며 무리하게 행동하는데요. 이럴 때 많은 부모님이 어떻게 말할까요?

"이것 봐봐. 엄마가 뛰지 말랬지?"
"네가 뭘 할 줄 안다고 고집을 부려!"
"이러다 다친다고 아빠가 몇 번을 말했어!"

이 나이 때에는 부모님의 언어를 다 이해하지 못하고 스스로 제어가 안 되다 보니 말 그대로 소귀에 경 읽기처럼 매일 말썽을 부리는 아이를 보며 "애 키우기 너무 힘들다."라는 소리가 절로 터져 나옵니다.

저희 첫째도 18개월에 의자 사이를 뛰어다니다가 뒤통수가 찢어지고, 5살에는 캠핑장에 있던 탁구대에 부딪혀서 이마를 꿰맸습니다. 둘째도 20개월에 운동기구에 부딪혀서 이마에 응급 봉합술을 받아야 했습니다. 그럴 때마다 저는 "놀랐지? 엄마랑 같이 병원 가자. 몇 바늘 꿰매면 괜찮아. 하지만 다음엔 좀 더 조심하자."라며 아이를 달랬습니다. 물론 속으로는 화가 목구멍까지 치밀어 올랐죠.

하지만 우리 아이가 이런 특징을 나타내는 시기라는 것을 안다면 부모님의 태도는 어떻게 달라질까요? 눈 깜짝할 사이에 벌어진 사고 앞에서 아이만큼 놀란 사람도 없습니다. 잘할 수 있을 줄 알고 시도했는데, 예상하지 못한 사고였으니까요. 그러니 "승준아, 괜찮아? 많이 놀랐지? 한 번에 뛰기에는 너무 높았나 보다.", "승희야, 컵이 깨져서 깜짝 놀랐겠다. 엄마 도와주려고 했던 건데 아직 승희가 유리컵을 들기엔 손의 힘이 약한가 봐."라고 아이의 신체 발달 상황을 먼저 짚어줍니다. 의도와 마음을 읽어주는 것 또한 잊지 않아야 하죠. 하지만 여기까지만 하면 아이는 연속된 실패로 자신감을 잃을 수 있어요.

그다음 단계는 아이의 신체 발달 상황에 맞춰서 할 수 있는 가이드라인을 정해주면서 작은 성공을 경험하도록 도와주는 것입니다.

"높은 곳에서 뛰어내리고 싶을 때는 아래 계단에서부터 하나씩 차근차근 해보자."

"유리컵은 무거우니까 승희는 플라스틱 컵 옮기는 걸 도와주면 정말 고마울 것 같아."

그리고 항상 마음에 다음과 같은 질문을 새겨두세요.

> Q. 이 아이는 지금 어떤 발달단계라서 이렇게 말하고 행동할까?
> Q. 아이가 좀 더 잘하도록 도와줄 방법은 없을까?

'아이라서 그럴 수 있다'라는 생각으로 바라보면 말썽꾸러기, 말괄량이 같은 아이들도 세상이 궁금해서 꼼지락거리며 알을 깨고 나오는 병아리처럼 보입니다. 유아반 수업을 할 때 덤벙거리고 에너지가 넘치는 아이들은 책상 위를 뛰어다니며 책으로 장난 치고 온몸으로 춤을 추다가도, 막상 활동지를 작성할 때는 못하겠다며 대신 해달라고 투정 부리는 일이 다반사입니다. 이때 아이가 3세인지 5세인지 또는 남아인지 여아인지에 따라 다르게 대해야 합니다.

"엉덩이가 들썩거려서 의자랑 놀고 싶었구나. 의자에는 다치지 않게 조심하자."

"이렇게 하면 다른 친구들이 다칠 수 있으니 여기까지만 하자."

"다른 친구들이 위험하다고 느끼는 행동은 하면 안 되는 거야. 자, 사과하고 이제 수업에 집중하자!"

"글씨 쓰는 게 힘들구나. 그럼 간단하게 세모 네모로 그려볼까?"

"선생님이 칠판에 써주면 따라서 써보자."

"(삐뚤빼뚤 틀린 글자로 썼지만) 오! 멋진데? 지난번엔 ㄹ 쓰기를 어려워했는데 이번엔 잘했어!"

이렇게 아이들마다 '그럴 수 있지'라는 생각으로 코칭하면 아주 잠깐이더라도 위험한 행동을 멈추고 수업에 집중하게 됩니다.

우리 아이의 월령·연령별 신체 발달 상황은 전문 육아서를 참고하되, 설명된 내용은 평균이므로 발달 속도가 빠르거나 느리다고 불안해하지 마세요. 그보다는 우리 아이가 발달 순서에 맞게 성장하는지에 더 초점을 두시기 바랍니다.

② 성별 특징 이해하기

쌍둥이 남매가 나란히 같은 반에서 수업을 들은 적이 있습니다. 만 5세 남아, 여아였는데, 쌍둥이라고 말해주지 않는 한 전혀 못 알아차릴 정도로 둘의 에너지와 수업 태도는 너무나 달랐습니다.

사실 평균적인 보통의 남아, 여아의 특징이라고 볼 수도 있는데요.

남자아이는 수업 시간 내내 앉고 서기를 반복하고 거울을 보면서 혼자 표정 연습을 하는 등 마치 태엽 풀린 장난감처럼 행동했습니다. 반면 동생인 여자아이는 그런 오빠를 보면서 늘 그렇다는 듯 고개를 절레절레 젓고 조용히 그림을 그리거나 선생님께 조잘조잘 유치원에서 있던 일을 얘기해주며 행복해했습니다.

이런 두 아이를 같은 유치원, 같은 학원에 보내고 같은 집에서 육아하는 어머님은 무척 지쳐 보였습니다. 활동적인 아들은 놀이터에서 놀고 싶어 하고, 딸은 집에서 놀고 싶어하니 동시에 누구의 의견도 들어줄 수 없는 상황이 이어진다고 합니다. 주말에는 그나마 아빠가 아들과 놀아주지만, 직업상 해외출장이 잦아 엄마 혼자 돌볼 때는 주로 키즈 카페로 향할 수밖에 없다며 한숨을 쉬었습니다.

이분을 위해 저는 둘이 같은 연령이지만, 아이들이 각각 좋아하는 학원에 따라 시간과 동선을 나눈 뒤 한정된 엄마의 시간을 쪼개 놀이 시간을 만들도록 권했습니다. 그리고 놀이터에 나갈 때에는 번거롭더라도 딸이 놀고 싶어하는 장난감을 챙기고, 실내에서 지낼 때에는 층간소음에 방해되지 않는 선에서 간단한 운동기구를 들여 아들이 신체활동을 할 수 있도록 제안했습니다. 몇 개월 뒤, 어머님은 각 성별의 특성을 이해하고 나니 아직 완벽한 분리는 아니지만 아이들과 보내는 시간이 지치지는 않는다는 피드백을 주셨습니다.

흔히 부모는 자녀의 성별에 따라 성격이나 기질, 성향을 구분 짓습니다. 남자라서 또는 여자라서 특정 색과 놀이를 즐긴다는 말이 아니라 각각의 생리학적 특징을 이해하고 받아들여야 한다는 뜻입니다. 그래서 자라다남아미술연구소 최민준 소장님은 여자로 태어나 아들을 잘 이해하지 못하는 엄마들에게 콕 짚어서 그 이치를 잘 이해시키며 '행동육아'를 하도록 교육하고 있습니다.

과학자들의 연구에 따르면 엄마의 배 속에서 수정된 태아는 6주가 지나면 성별에 따라 뇌 구조와 호르몬 분비가 달라진다고 합니다. 남아는 활동적이고 목표 지향적인 성향에 영향을 미치는 테스토스테론 분비가 많은 데 반해 여아는 안정 화합물인 세로토닌이 더 많이 분비됩니다. 성장기에도 이 호르몬은 남녀별로 다르게 분비되기 때문에 남자아이들은 끊임없이 운동하며 움직이는 반면, 여자아이들은 관계 중심의 놀이에 더 집중하게 됩니다.

스탠퍼드대학교의 연구에서도 남아들은 동작성 지능이 발달해 기린 그림만 보여주어도 몸이 움직이며, 기린에 자신을 대입해 뇌의 두정엽 부분에 있는 공간지각 능력을 활성화한다고 합니다. '이쪽에선 어떨까? 저쪽에선 어떨까? 나도 기린처럼 높은 곳에서 세상을 바라보면 어떤 느낌일까?' 등을 생각하는 것이죠. 반면 여아는 언어 및 정서에 관련된 뇌의 변연계 활동이 활발해 감정을 파악하고 소통과 관계에 집중하는 소꿉놀이, 역할놀이 등을 더 많이 합니다.

이렇게 성별에 따라 다른 호르몬으로 인해 감각세포도 다르게 발달

됩니다. 남아는 시각세포가, 여아는 청각세포가 발달해 남자는 눈이, 여자는 귀가 민감해집니다. 이런 차이는 신생아 때부터 나눕니다. 양육 과정에서도 이런 특징을 파악하고 맞춤 대화와 양육을 이어나가면 다른 성별을 키울 때의 육아 스트레스를 줄일 수 있습니다.

아이의 언어와 감정을 이해하는 데 세부사항까지 모두 알아야 할 필요는 없지만, 평균치를 기준으로 기본 특징들을 알아두면, 아이와의 갈등을 어느 정도는 줄일 수 있습니다. 그렇다면 이 특징들을 어떻게 적용하면 될까요?

영역	남아	여아
신체 특징	대근육 발달	소근육 발달
움직임	활동적	정서적
행동 성향	목표 지향	관계와 과정 중심
감각세포	시각	청각

남아와 여아의 신체적 특징 차이

아들과 딸의 놀이 솔루션

활동적인 남아들은 몸으로 놀면서 '한시도 가만있지 못하는' 아이가 많습니다. 쉽게 이해하자면, 하루에 써야 하는 에너지가 200이라고 했을 때 이를 다 쓰지 못해 몸이 근질근질하기 때문에 수업 시간에도 자꾸 돌아다니고 몸을 가만히 두지 못하는 것이죠.

그런 아이들이 많은 수업에서 저는 야외수업을 나갑니다. 제가 수업하는 곳은 찻길 없이 지하도로 건너면 곧바로 공원이 나오는데, 간단하게 안전교육을 한 다음 10~15분은 그곳에서 마음껏 뛰어놀게 하고, 이후 발성 훈련이나 현장 리포팅을 진행합니다. 그렇게 60여 분을 보내고 교실로 돌아와 야외 리포팅 영상을 모니터로 보여주면, 끊임없이 움직이던 아이들도 운동 에너지가 소진되어 집중해서 앉아 있습니다.

가정에서는 매일 30분에서 한 시간, 또는 주 1~2회 정도 아이가 마음껏 뛰어놀고 소리칠 수 있도록 해주는 것이 좋습니다. 이 장소는 축구교실이 될 수도 있고, 수영장이 될 수도 있고, 동네 공원이나 놀이터가 될 수도 있습니다. 딸이 있다면 같이 산책하면서 주변 풍경에 대해 이야기하거나 꽃이나 풀을 수집하는 등의 활동만으로도 야외활동의 효과를 누릴 수 있습니다.

관계 중심의 정서적 놀이를 좋아하는 딸은 역할놀이 등을 하며 집안일을 돕게 하거나 친한 친구들과의 모임을 제안합니다. 소꿉놀이, 가족놀이, 병원놀이, 미용실 놀이, 아이스크림 가게 놀이 등 역할극을 통해 아이와 즐거운 시간을 보내는 한편 역할을 해냈을 때 뿌듯함을 느낄 수 있도록 해보세요. 이때 남동생이나 오빠가 있다면 일명 '힘쓰는 일, 움직이는 일'에서 역할을 주어 아들의 에너지를 소진하도록 합니다.

시각형 아들과 청각형 딸을 위한 솔루션

남아는 여아에 비해 활동량이 많은 만큼 산만하게 느껴지기도 합니다. 그러다 보니 잔소리를 해도 그때뿐이고 잘 잊어버리는 경우가 많죠. 그래서 아들에게는 잔소리를 쏟아내고도 공허함을 느낄 때가 있어요. 저도 한번은 지방 출장을 앞두고 남편과 아이들에게 이것저것 해야 할 일을 일장 연설했더니 남편이 그렇게 백날 얘기해봐야 본인도 애들도 까먹는다며 냉장고 앞에 적어달라고 합니다. 그러면 목표 지향성이 강한 남자들은 그 체크리스트를 보며 도장 깨기 하듯 하나씩 해나가고, 마지막 날에는 마감 시간에 맞추기 위해 속도를 낸다는 것입니다.

이런 조언을 들은 뒤 남자아이들이 많은 반에서 수업할 때에는 화이트보드에 '수업 시간에 지켜야 할 약속, 숙제, 해야 할 일' 등을 적어놓은 뒤에 수시로 보면서 체크할 수 있게 하자 효과가 좋았습니다. 집에서도 아들에게 할 이야기가 있다면 먼저 체크리스트를 적은 뒤 이야기 해보세요. 그러면 기억하고 실행할 확률이 훨씬 높아집니다. 다음은 구체적으로 체크리스트를 실행하는 방법입니다.

반면, 집중해서 잘 듣는 딸은 어떻게 하면 더 효과적일까요? 포스트잇 체크리스트 만들기에 더해 이런 일을 어떻게 할지 이야기를 나눠보는 시간을 많이 가져주세요. 구체적인 실행 방법을 하나씩 알려주는 거죠. 집에 돌아오면 손을 먼저 씻는다, 가방은 이 자리에 둔다, 외투는 여기에 건다 등을 말로 해주다 보면 부모님의 목소리를 아들보다

> **체크리스트 적는 법**
>
> ① 포스트잇에 해야 할 일을 적거나 그림으로 그려주세요. 너무 많은 내용을 담으면 오히려 부담을 느끼기 때문에 매일 루틴처럼 해야 할 일이나 잊지 말아야 할 일 위주로 정리합니다.
> ② 위치는 아이가 자주 보는 책상이나 냉장고, 방문 앞이 좋습니다. 이때 실행 순서나 중요도 순으로 나열하면 시각적으로 파악하기에 좋습니다.
> ③ 아이가 실행하면 포스트잇을 떼어내거나 체크함으로써 '해냈다'는 성취감과 자신감을 키울 수 있습니다.

잘 기억했다가 떠올리며 실행할 것입니다.

이렇게 성별로 다르게 접근해도 아이들이 잘 따르지 않아 좌절하는 순간이 있습니다. 이때는 '모니터링'이 필요하죠. 이것은 성별과 상관없이 해야 할 일을 잘했는지 확인해보면서 좋았던 점, 바꾸고 싶은 점에 대해 이야기 나누는 시간입니다.

"이렇게 포스트잇에 붙여서 기억하니까 어땠어?"
"하나씩 실행할 때마다 떼어내니 희준이의 기분은 어떠니?"
"자꾸 놓친다면 어떻게 했을 때 잘 기억할 수 있을까?"

이렇게 생활 습관들에 대해 일방적으로 잔소리와 명령을 하기보다 같이 잘 해나갈 수 있는 방법을 찾아나간다면, 나중에 더 성장해서 공부할 때에도, 일을 할 때에도 스스로 루틴을 만드는 좋은 습관이 자리 잡을 수 있습니다.

부모님도 같은 방식으로 생활 습관을 들이면 더욱 효과를 볼 수 있는데요. 부모님 역시 포스트잇 체크리스트를 만들어 지키거나 집에 와서 곧바로 손을 씻고 물건을 제자리에 두는 등 아이와 똑같이 행동하면 아이는 부모에게 동질감을 느낍니다. 그리고 좋은 생활 습관을 자신보다 더 잘 수행하는 부모님에게는 존경심을, 자신처럼 서툰 부모님에게는 발전하는 태도와 자세를 배우게 될 것입니다.

지금까지 남아와 여아의 특징에 대해 알아보고 더 나은 소통을 위한 접근 방식을 알아보았습니다. 학원에서 수많은 아이와 부모를 만나다 보면 "우리 애는 딸인데 축구하고 움직이는 활동을 좋아해요.", "우리 아들은 여자 친구들과 소꿉놀이 하는 것을 좋아해요."라며 다른 특징을 보이는 아이들도 있습니다. 이는 성별 호르몬이 잘못된 것이 아니라 각각 태내 호르몬의 분비량이 남들과는 다르거나 생후 남매 관계(형제 관계 성비)에 의한 것이니 '원래 이래야 한다'는 고정관념을 버리고 우리 아이에게 맞는 방법을 찾으면 됩니다.

성격 유형 검사의 기본
MBTI 활용하기

"너 MBTI가 뭐야?"

"넌 T라서 그렇게 공감을 못하는구나."

"J들은 시간을 잘 지킨대."

청소년이나 MZ 세대에서 시작해 최근 들어서는 우리 부모 세대도 자신과 자녀의 MBTI를 언급하는 경우를 자주 보게 됩니다. MBTI는 '마이어스–브릭스 유형 지표(Myers–Briggs Type Indicator)'로 미국의 작가인 캐서린 쿡 브릭스와 그녀의 딸 이사벨 브릭스 마이어스가 카를 융의 초기 분석 심리학 모델을 바탕으로 1944년에 직무에 적용하기 위해 개발한 성격 유형 검사입니다. 인간의 심리적 유형을 두 가지 태도 지표(외향-내향, 판단-인식)와 두 가지 기능 지표(감각-직관, 사고-감정)에 대한 선호도에 따라 열여섯 가지로 나누는 검사인데, 전문가들 사이에서도 사람의 특징을 열여섯 가지만으로 구분하는 데는 한계가 있고, 이 검사를 심리학 전문가가 개발한 것이 아니라는 이유 등으로 신뢰도가 떨어진다고 보기도 합니다.

저 역시도 저마다 삶의 방식이 다른 모든 사람을 특정 유형으로 프레임 씌우는 것에는 반대합니다. 하지만 MBTI는 질문에 대한 대답을 바탕으로 선호도를 파악하고 이를 확률에 따라 나눈 것이므로 혈액형과 같은 비과학적인 방법과는 다릅니다. 교육 현장에서도 아이와 수강생의 유형을 아는 것만으로도 수업 방향을 설정하는 데 유용한 도구가 될 때가 있습니다.

육아에서 MBTI를 사용할 때는 특정 유형을 아이에게 적용해 고정관념으로 사용해서는 안 된다는 것이 가장 중요합니다. 그보다 '내 유형은 무엇이고 아이는 이런 성향이기 때문에 이 점에서는 서로 이해하기 쉽고, 이 부분은 다르게 행동하고 받아들이겠구나.'처럼 이해를 돕는 차원으로 활용하면 좋습니다. 다시 말하자면, MBTI는 '틀리다'가 아니라 '다르다'의 양육 태도에서 유용하게 쓸 수 있으며, 이는 곧 다른 사람을 이해하고 다양한 사람과 어울리는 소통의 시작입니다.

그래서 이 검사를 활용하고 성향을 분석할 때는 '세상에 나쁜 성격은 없다.', '아이의 모든 행동과 생각에는 이유가 있다.'를 전제로 두어야 합니다.

아직 유아를 위한 공식적인 MBTI 검사지는 따로 없습니다. 초등학교 2학년에서 중학생이 대상인 MMTIC라는 검사가 있지만, 미취학 시기에는 성격 유형이 계속 변화하면서 완성돼가는 시기이기 때문에 부모의 검사지를 활용해 참고용으로 아이의 유형을 파악하고 장점이 되는 부분은 강화하고 단점이 되는 부분은 보완하도록 합니다.

부모용 무료 검사

우선 MBTI의 큰 틀은 다음과 같습니다.

성향	유형	기준	유형	성향
사교적, 정열, 활동적	Extraversion 외향형	에너지의 방향	Introversion 내향형	조용, 신중, 선 생각 후 행동
오감 의존, 현재 중심	Sensing 감각형	정보 수집 인식	iNtuition 직관형	영감 의존, 미래지향적
논리, 분석, 객관적	Thinking 사고형	판단 및 의사 결정	Feeling 감정형	사람 관계, 상황 중심
목적, 방향, 사전 계획, 체계적	Judging 판단형	행동 및 대처 방식	Perceiving 인식형	상황 변화 가능, 자율, 융통

MBTI의 기본적인 분석 틀

이를 바탕으로 스피치와 관련된 요소들을 중심으로 주요 특징들을 정리해봤습니다.

① 에너지의 방향
- 외향형과 내향형

외향형(E)	내향형(I)
• 대체로 목소리가 크며 말이 빠르다. • 손 제스처를 많이 쓰는 편이다. • 생각과 의견을 바로 말한다. • 낯선 친구들과도 잘 어울린다. • 도전하는 것을 두려워하지 않는다.	• 목소리가 작고 말끝을 흐린다. • 무의식적 긴장 행동(손 꼼지락)이 많다. • 물음에 대답이 오래 걸린다. • 에너지 강한 친구들과 있으면 금세 지친다. • 발표 순서는 늦지만 실수가 적다.

아이들의 성격 유형을 파악할 때 가장 두드러지는 특징은 외향형과 내향형의 차이입니다. 이는 아이가 에너지를 안으로 사용하는지 밖으로 표출하는지에 따라 나뉘는데요. 단 몇 분만 관찰해도 곧바로 알아챌 수 있을 정도로 차이가 확연합니다. 외향형 아이는 좀처럼 가만히

있지 못하고 끊임없이 말을 하거나 몸을 움직입니다. 친구들과도 스스럼없이 잘 어울리죠. 반면 내향형 아이는 움직임이 적고 말도 많이 하지 않습니다. 부모가 아이와 반대 성향일 때 가장 많이 부딪히는 부분이기도 합니다. 그럴 때는 어떻게 하는 것이 좋은지 살펴봅시다.

내향형(I) 부모 - 외향형(E) 아이

아이는 자꾸 밖에 나가서 친구들과 어울리고 싶어하는데, 부모는 놀이터에 나가는 것도, 다른 학부모를 마주하는 것도 힘든 경우가 많죠.

'놀이터에 나가면 또 저 엄마 마주칠 텐데, 말 걸면 어쩌지?'
"아빠 회사에서 힘들게 일하고 왔는데, 자전거 타러 나가자고?"
"행동하기 전에 먼저 잘 생각하면 어떨까? 무턱대고 그렇게 하면 어떡해?"

내향형 부모 입장에서는 외향형 아이가 덤벙거리고 정신없이 뛰어노는 것만 좋아한다고 생각할 수 있습니다. 하지만 외향형 아이는 그것뿐 아니라 친구들을 만나고 바깥 활동에 도전하는 데 성취감을 느끼며 에너지를 얻는 아이라고 이해해주세요.

"엄마(아빠)는 말할 때 세 번은 생각하는데, OO는 바로 얘기해줘서 고마워. 그래도 조금만 기다려줄래?"라며 아이가 내향형의 사람들을 이해하고 배려할 수 있도록 이야기해주세요. 또는 아이의 에너지를 같이 맞춰줄 수 있는 친구, 친구의 부모, 친척들과 어울리며 부모가 에너지를 충전하는 동안 다른 사람과 장소에서 에너지를 발산하는 환경을 만들어주는 것도 좋은 방법입니다.

외향형 자녀를 키우는 부모님들은 주로 아이가 너무 말이 많고, 산만하고, 지나치게 활동적이어서 사고가 많이 난다고 이야기합니다. 이런 아이들을 대할 때는 혼을 내기보다 아이의 모습을 촬영해 보여주고 다음과 같이 바꿔서 말해주세요.

- **대체로 목소리가 크며 말이 빠르다.**
  - → "상황에 따라서는 적당한 크기의 목소리가 좋아. 네가 하는 말을 TV로 보니 너무 빠르지? 다른 친구들이 잘 알아듣도록 말이 끝나면 속으로 하나, 둘을 세고 다음 말을 하자."
- **손 제스처를 많이 쓰는 편이다.**
  - → "와, 이렇게 제스처로 보여주니 얼마나 큰지 바로 알겠는데? 그런데 너무 많이 사용하는 모습을 보니까 어때? 말에 집중이 잘 안 되지? 손을 배꼽에 두고 꼭 필요할 때만 사용하자."
- **자신의 생각과 의견을 바로 말한다.**
  - → "바로 얘기해줘서 고마워. 하지만 너무 빨리 대답해서 선생님이 놀랐는걸? 마음속으로 이 얘기를 했을 때 다른 사람들이 어떤 대

답을 할지 한 번만 더 생각해보자."

- 낯선 친구들과도 잘 어울린다.
  → "지금 수연이는 다 같이 말하기보다 생각할 시간이 필요할 거야. 수연이가 준비할 때까지 조금만 기다려주자."
- 도전하는 것을 두려워하지 않는다.
  → "발표 전에 다른 사람에게 어떻게 말할지 충분히 생각하는 것도 중요해. 첫 번째로 손 든 건 너무 훌륭하지만, 이번에는 다른 친구들의 발표를 보면서 조금 더 말을 생각해보자."

외향형(E) 부모 - 내향형(I) 아이

이때는 활동성이 가장 크게 부딪힙니다. 엄마는 아이의 스케줄과 체험 활동을 다양하게 준비하지만, 아이는 엄마 손에 끌려 다니다가 체력에 한계가 와서 지치고 무기력해질 수 있습니다.

"너는 한창 뛰어놀 나이인데, 왜 놀이터 가는 걸 싫어해."
"유치원 친구들이 키즈카페 가자는데, 수연이는 친구들 만나는 게 싫어?"
"아빠가 정후를 위해 캠핑 준비 다 했는데, 가서 실컷 놀아야지."

이런 아이는 집 또는 자신이 편안하게 느끼는 장소에서 조용히 생각하며 에너지를 충전하는 시간이 필요하다고 이해해주세요.

아이와 대화하다 보면 의견을 묻기 위해 "엄마(아빠) 생각은 이런데, OO는 어떻게 하는 게 좋아?"라는 대화 패턴을 자주 사용하실 겁니다. 이럴 때 내향형인 친구들에게는 대답을 쉽게 하도록 코칭 방향을 바꿔주는 방식이 더 좋습니다.

- 목소리가 작고 말끝을 흐린다.
    → "다른 사람에게 잘 들릴 수 있는 방법으로 같이 연습해보자."
- 무의식적 긴장 행동이 많다.
    → "말할 때 작은 제스처나 몸짓을 사용해보자."
- 물음에 대답이 오래 걸린다.
    → "선생님이 기다려줄게. 준비되면 말해줘."
- 에너지 강한 친구들과 있으면 금세 지친다.
    → "우리 친구는 이번엔 한 번 쉬었다 다음에 발표할까?"
- 발표 순서는 늦지만 실수가 적다.
    → "순서를 바꾸고 싶으면 친구들과 상의해보자. 첫 번째로 발표할 때 실수할 수도 있어. 연습이니까 천천히 해봐. 하면서 실수해도 괜찮아."

아이가 쭈뼛거리고 소극적이더라도 '그럴 수 있다'에 초점을 맞추는 것입니다. 저 역시 어릴 때에는 I 성향이 강해 낯선 자리에서 말하는 것이 힘들고 발표할 때에는 안면근육이 마비될 정도로 조용했기에 이런 아이들을 보면 어떻게 도와줄 수 있을지 먼저 생각하게 됩니다.

② 정보 수집과 인식 과정
- 감각형과 직관형

감각형(S)	직관형(N)
• 자세한 설명을 요구한다. • 단순 언어를 사용해 설명한다. • 그림으로 구체화하는 것을 좋아한다. • 자신이 경험한 것에 집중한다. • 현실적이며 그대로 따라 하는 편이다.	• 자신만의 상상으로 이해한다. • 비유적인 표현으로 설명한다. • 엉뚱한 상상을 하고 몽상적, 철학적이다. • 가상으로 노는 것을 좋아한다. • 모방을 싫어하고 독창적인 것을 찾는다.

　3파트에서 소개하는 '한글 단어카드 게임'을 하다 보면 아이들의 감각형vs.직관형 성향을 파악하기 쉽습니다. 딸기를 설명할 때 감각형은 "빨간색이고 위에 초록색 잎이 있고, 씨가 바깥에 많이 있어."라고 눈에 보이는 그대로 설명하고, 직관형은 "달콤하고 향긋한 맛인데, 이

름이 같은 공주도 있어."라고 조금 더 독창적인 방식으로 설명합니다. 감각형은 구체적인 설명을 사용해 양육하고 직관형은 창의성을 높이는 방식으로 양육하는 것이 좋습니다.

직관형(N) 부모 - 감각형(S) 아이

"친구 장난감을 뺏다니 정말 양보하는 마음이 없네. 나중에 학교 가서도 그럴 거야?"
"친구가 먼저 놀고 그다음에 제가 놀기로 했단 말이에요."

직관형 부모들은 철학적인 개념 중심으로 육아를 하다 보니 감각형 아이들은 종종 왜 그렇게 해야 하는지 잘 모를 수 있습니다. 아이를 혼낼 때에도 잘못한 사건만으로 꾸짖어야지 확장해서 도덕적 가치까지 언급하면 아이는 현실성 없는 잔소리로 치부하겠죠. 상담을 하면서도 "얘는 로봇만 보면 밖에서 하늘이 무너져도 모를 아이예요.", "얘는 아빠를 닮아서 공대나 이과 쪽이 맞나 봐요. 나중에 아빠한테 공부시키라고 해야겠어요."라며 아이의 행동을 확대 해석해서 단정 짓는 경우가 있습니다. 감각형 아이에게는 현상만을 말해주는 것이 좋습니다. 아이에게 무언가를 요구할 때도 "부지런하게 행동하면 좋겠어."보다는 "아침에 8시에 일어나면 바로 세수하고 밥을 먹고 유치원 갈 준비를 해주면 좋겠어."처럼 구체적인 말을 사용해야 합니다.

- **자세한 설명을 요구한다.**
  → "구체적으로 언제, 어디서, 누가 그랬는지 얘기해볼까?"
- **단순 언어를 사용해 설명한다.**
  → "다른 친구들도 이해할 수 있게 비슷한 것을 찾아서 말해볼까?"
- **그림으로 구체화하는 것을 좋아한다.**
  → "이 그림을 보면 어떤 말이 떠올라? 어떻게 하면 다른 친구들이 그림을 보지 않고도 이해할 수 있을까?"
- **자신이 경험한 것에 집중한다.**
  → "혹시 성민이가 갑자기 길을 잃었을 때 어떤 마음이 들고 어떻게 행동할지 한번 상상해볼까?"
- **현실적이며 그대로 따라 하는 편이다.**
  → "선생님이 앞에 써준 것은 똑같이 쓰라는 이야기가 아니야. 몇 단어도 괜찮으니까 그대로 받아서 쓰기보다는 지훈이만의 생각을 같이 적어보자."

특히 아이가 어떤 유형인지는 마지막 사항에서 파악되는 경우가 많은데요. 감각형 친구들은 틀릴까 봐 예시로 들어준 문장을 그대로 적어서 원고를 채우는 경우가 많습니다. 하지만 아이만의 생각을 묻는 대화를 계속해서 나누다 보면 전혀 다른 말이 나오기 때문에 경험하지 않은 가상의 세계를 상상해보고, 그것이 나의 이야기가 될 수도 있다는 전제를 강조하며 발표하도록 이끌어줍니다.

감각형(S) 부모 - 직관형(N) 아이

"아빠 저는 유명한 발명가가 될 거예요."
"그럼 이렇게 맨날 놀면 안 돼. 책을 많이 읽고 똑똑한 사람이 되어야 해."

"불국사의 이 돌은 여러 사람이 밟고 다녔으니 저보다 많은 사람을 만났겠네요."
"글쎄, 그랬겠지? 이건 화강암이라 닳아서 그럴 수도 있어."

한창 상상의 나래를 펼치고 있는 아이에게 매우 현실적인 조언을 해주는 감각형 부모와 직관형 아이의 대화입니다. 이런 부모는 경험해보지 않은 아이들의 미래에 대한 현실적인 걱정도 많기 때문에 다양한 교육 정보와 전문가들의 강의를 접하면서 육아 방향을 설정하고, 혹시 나의 조언과 말이 아이의 상상력을 제한하고 있는 것은 아닌지 한번씩 체크해볼 필요가 있습니다.

스피치 수업을 할 때 직관형 아이들은 원고를 길게 쓰기도 하는데요. 머릿속의 넓은 세상을 말로 표현하자니 A4 한 장이 모자라는 것이죠. 이런 아이에게는 부모도 색다른 표현을 궁리하며 대화해주는 게 좋습니다.

- 자신만의 상상으로 이해한다.
    → "예를 들어 희수가 초등학생이 되었을 때…."
- 비유적인 표현으로 설명한다.
    → "이건 마치 하늘에서 폭포수가 내리는 것 같은 폭우야."
- 엉뚱한 상상을 하고 몽상적, 철학적이다.
    → "인생이 선물 같다면, 산이는 어떤 부분에서 그렇게 느꼈어? 친구들이 이해할 수 있는 얘기들을 해줄래?"
- 가상으로 노는 것을 좋아한다.
    → "선생님도 지금 너한테 무적의 용사가 되어주고 싶어. 하지만 다른 친구들은 선생님으로 있어주길 원해서 잠시 교실로 돌아와 먼저 수업을 해야 해."
- 모방하는 것을 싫어하고 독창적인 것을 찾는다.
    → "선생님도 생각지 못했던 이야기를 해줘서 너무 놀라운데? 이 생각들을 잘 정리해서 발표해보자."

아이가 아직 어리면 이런 상상과 비유가 팝콘처럼 튀며 어른이 공감하기 어려운 수준일 때도 있습니다. 이럴 때는 황당한 이야기로 치부하며 입을 닫게 하기보다는 그 생각들을 현실에서 어떻게 가능하게 할 수 있을지 이야기를 나누면서 구체화하는 방향으로 코칭하다 보면, 아이는 상상과 창의라는 장점을 살려 자신만의 독창적인 생각을 학업과 진로에 활용할 수 있습니다.

③ 판단 및 의사 결정
- 사고형과 감정형

사고형(T)	감정형(F)
● 왜 그래야 하는지를 자주 묻는다. ● 문제 해결 과정을 논리적으로 설명한다. ● 원리 원칙대로 판단한다. ● 고집이 센 편이다. ● 성취 욕구가 강하다.	● 말할 때 감정이 드러난다. ● 선생님의 성격에 영향을 많이 받는다. ● 객관적 지표보다 관계를 우선시한다. ● 눈물이 많다. ● 안정 욕구가 강하다.

앞에서도 잠깐 언급했지만, 최근 소셜미디어에서 엄마들이 아이의 판단 기능을 파악하기 위해 많이 사용하는 질문이 있습니다. 흔히 T보다 F가 공감을 잘한다는 전제로 나온 질문인데요. 바로 "엄마 오늘 우울해서 빵 샀어."입니다. 이때 각각의 유형은 어떻게 답을 할까요?

T: "무슨 빵 샀어? 우울한데 왜 빵을 샀어?"
F: "엄마 우울해? 무슨 일 있었어? 빵 사니까 기분이 좋아졌어?"

둘 다 엄마를 위한 마음은 같지만, 엄마가 아이와 다른 유형이라면 아이가 왜 행동에 집중하지 않는지 궁금해하거나 자신의 마음을 알아주지 않는지 서운해할 수 있습니다. 물론 같은 유형이라면 역시 본인과 잘 맞는다며 반가운 마음이 들겠죠. 이 기준 역시 좋다 나쁘다로 얘기할 순 없습니다. 어떤 것에 더 가치를 두는지의 차이로 생각하면 좋겠습니다.

감정형(F) 부모 - 사고형(T) 아이

감정형 부모는 아이와의 관계가 틀어질까 봐 허용 범위를 넓히는 경향이 있습니다. 그러다 보니 단호하게 제지하거나 거절해야 할 때 아이의 기분을 살피면서 훈육하게 되어 오히려 아이를 더 헷갈리게 만들기도 하죠.

"유치원에서 친구랑 싸웠다며? 지금도 계속 속상한 거 아냐?"
'벌써 다 화해했고 내일 다시 사이좋게 지낼 텐데 뭐가 문제지?'

"이 노을 좀 봐봐. 엄마가 꼭 보여주고 싶어서 시간 맞춰 왔어."

'매일 보는 노을인데 여기까지 와서 봐야 하나?'

"오늘은 특별히 기분 좋은 날이니까 아빠가 게임하는 거 허락할게!"
'게임하지 말라고 했으면서 왜 기분에 따라 이랬다저랬다 하시지?'

보이지 않는 사고형의 속마음은 저렇다고 합니다. 사고형인 아이들과 수업하다 보면 저 역시 상처받을 때가 있지만, 감정 표현이 적은 아이 입장에서는 충분히 그런 반응을 할 수 있고, 어쩌면 제가 이상해 보일 수도 있겠죠. 사고형 아이를 대할 때는 감정으로 호소하기보다 설득하는 방식으로 이야기를 진행해야 합니다.

- 왜 그래야 하는지를 자주 묻는다.
    - → "네가 이 발표를 해야 하는 이유는⋯. 이런 걸 연습해야 하는 이유는⋯."
- 문제 해결 과정을 논리적으로 설명한다.
    - → "목소리를 크게 내면 누구나 잘 들을 수 있고, 제스처를 쓰면 친구들이 잘 이해하겠지?"
- 원리 원칙대로 판단한다.
    - → "우리 수업의 규칙은 이렇지만, 지금 서현이가 많이 속상해해서 발표하기 어려우니 유성이가 먼저 하는 게 좋겠다. 이번만 예외

적으로 다른 규칙을 적용할게. 괜찮지?"

- **고집이 센 편이다.**

  → "지금 발표하기 싫은 이유가 뭔지 말해줄 수 있을까? 순서 때문일까, 아니면 준비가 안 돼서일까? 이유를 말해주면 선생님이 잘 이해할 수 있을 것 같아."

- **성취 욕구가 강하다.**

  → "잘했어! 제스처만 조금 더 크게 쓰면 완벽해질 거야!"

사고형인 아이가 많은 반에서 수업할 때면 다른 친구들과의 협업, 예외적인 상황에 반기를 드는 경우가 종종 있습니다. 이럴 때 논리적으로 설명하지 않고 "하라는 대로 해!"라고 지시하면 힘에 밀려서 겨우 하긴 하지만 아이의 마음속에는 의문이 쌓여 불만이 남습니다. 특히 유아 교육기관에서 관계를 배워가는 시기에는 단순히 감정보다는 논리로 사귀려는 모습(장난감을 잘 빌려줘서, 같은 동네라서 등)을 보이기도 하는데요. 이 아이가 감각형이냐 직관형이냐에 따라 알맞은 방식으로 설명해주어야 자신의 성향을 부정적으로 받아들이지 않습니다.

반면 사고형 아이들은 사고력, 수행 능력, 독립성 등이 부각되기 때문에 학습 면에서 깊게 파고들며 공부하기도 하는데요. 이때 결과보다는 성취를 더 강조해 피드백하면 더욱 공부에 매진하게 됩니다.

사고형(T) 부모 - 감정형(F) 아이

"그래서 하고 싶은 얘기가 뭐야? 원하는 게 뭔지 얘기해야지."
'원하는 것은 없고 내 마음을 알아주세요.'

"이게 운다고 해결될 일이야?"
'자꾸 눈물이 나는데 어떡해요.'

"횡설수설하지 말고 요점만 얘기해."
'나는 이미 핵심을 얘기하고 있어요.'

위의 대화를 보면 감성이 풍부한 아이를 논리로 키우려는 부모의 모습이 많이 나타납니다. 사고형 부모는 문제가 발생했을 때, 논리적으로 해결하길 원하고 아이와 세운 규칙을 지키려고 합니다. 저희 집에서는 감정형 아들이 중학교 입학 후 첫 내신 성적이 노력한 만큼 결과가 나오지 않아 속상해하고 있을 때 사고형 아빠가 "세상 모든 일은 결과가 말하는 거야. 네가 열심히 공부했어도 다른 사람들은 과정 말고 결과만 봐."라고 조언해주었죠. 아이에게 동기부여를 해주기 위한 현실적이고 애정 어린 말이었지만 이런 말을 들은 감정형 아이는 "아빠는 내 마음도 몰라." 하고 소통의 문을 닫을 수 있습니다. 부부가 이 부분에서 서로 성향이 다르다면 특히 더 많이 부딪힐 수 있습니다. 이럴 경우 감정형 부모는 공감해주는 역할을 하되 그 뒤에 현실적인 해결 방법을 같이 모색하고, 사고형 부모는 조언해주기 전에 아이의 마음에 먼저 공감하는 단계를 거쳐야 조화로운 육아가 될 것입니다.

- 말할 때 감정이 드러난다.
    - → "말하기 전에 먼저 웃어버리면 사람들은 네 이야기에 집중하기 어려워. 감정을 잠깐 추스르고 발표를 시작해보자."
- 선생님의 성격에 영향을 많이 받는다.
    - → "선생님은 시준이를 이해하려고 했던 말인데, 그렇게 받아들였다면 사과할게. 다음에 똑같은 일이 생기면 선생님이 어떻게 말해주는 게 좋을까?"
- 객관적 지표보다 관계를 우선시한다.
    - → "친한 친구랑 같은 팀을 하고 싶었구나. 하지만 지금은 다 같이 의논해서 팀을 정했으니 이 친구들과 생각을 나눠볼까? 다음에 친한 친구랑 같은 팀이 될 기회가 있을 거야."
- 눈물이 많다.
    - → "그 일이 많이 속상해서 눈물이 났구나. 마음이 풀릴 때까지 울어도 괜찮아. 대신 다 울고 나면 어떻게 하면 좋을지 같이 이야기 해보자."

- **안정 욕구가 강하다.**
  - → "지금 다들 너무 화가 난 것 같다. 친구들끼리 얘기하는 것은 잠시 미루고 조용히 생각의 시간을 보내며 한 사람씩 선생님과 이야기를 나눠보자."

대인 관계와 공감의 인성 영역이 미래 인재의 역량으로 손꼽히다 보니 사고형 아이들에게는 다른 사람과의 관계를 고려한 판단과 대화 연습이 필요합니다. 반대로 감정형 아이들은 감정에 치우쳐 친구들에게 끌려 다니기보다 논리적인 판단과 규칙, 공사를 구분할 줄 아는 능력을 키우는 것이 필요합니다. 갈등 상황이 생기면 곧바로 언쟁하기보다 상황을 안정시킨 뒤 서로가 날카롭지 않은 단어를 사용해 문제의 원인을 찾고 해결하는 과정을 거쳐야 합니다. 부모는 아이가 어떤 성향이 강한지에 따라 너무 직설적으로 이야기하거나 감정적으로 이야기하지 않도록 보완해주는 역할을 해주시기 바랍니다.

④ 행동 및 대처 방식
- 판단형과 인식형

판단형(J)	인식형(P)
• 빨리 판단해서 결론 내리기를 좋아한다. • 숙제나 해야 할 일이 있으면 잠을 못 이룬다. • 준비물을 미리 챙겨야 안심한다. • 물건이 제자리에 있어야 한다. • 계획을 세워서 수행하는 것을 좋아한다.	• 이것도 좋고 저것도 좋아 결론을 미룬다. • 숙제나 해야 할 일의 기한을 못 지킨다. • 미리 준비하진 않지만 문제를 해결한다. • 자리가 흐트러져도 상관하지 않는다. • 호기심과 흥미가 많고 즉흥적으로 수행한다.

판단형과 인식형이라는 말이 어려울 수 있지만, 쉽게 말하자면 계획적인 성향인지 즉흥적인 성향인지에 따라 나뉘는 것입니다. 판단형이 강한 아이는 정리 정돈을 잘하고 무엇을 할 때 먼저 계획을 세웁니다. 그렇지 않으면 불안해하며 당황하기 쉽죠. 반면 인식형이 강한 아

이는 체계적이지는 않지만 임기응변 능력이 뛰어납니다. 대체로 여유로운 성격이기 때문에 예민하지 않다고 받아들여지기도 하죠. 두 성향 모두 하나가 강할 경우, 사회생활에서 불편할 수 있기 때문에 어느 정도 보완해주는 것이 좋습니다.

인식형(P) 부모 - 판단형(J) 아이

판단형 아이들에게는 항상 '매뉴얼'이 필요합니다. 정리 정돈이나 놀이, 공부를 할 때 특별히 알려주지 않아도 자신만의 틀을 알아서 만드는 아이들도 있지만, 대부분은 이 세상에 알을 깨고 나와 하나하나 생활 습관으로 배워가는 것이죠. 그런데 인식형은 무엇이든 체계가 잡히지 않으면 어려워하므로 여기에서 오는 스트레스가 있습니다. 이런 아이에게는 어릴 때부터 무엇을, 어떻게 해야 하는지 상세하게 설명해주며 규칙을 정해주는 과정이 필요합니다.

예를 들어, 눈썰매장에 갔을 때, 인식형 부모는 "걱정 말고 안내대로 그냥 타면 돼."라고 말하면서 아이의 두려움을 간과할 수 있습니다. 이럴 때는 "눈썰매장에 도착하면 표를 끊고, 튜브를 받아서 리프트라는 걸 타고 출발점으로 갈 거야. 그다음에 순서대로 서서 기다렸다가 썰매를 타면 돼. 처음에는 혼자 타면 위험하니까 아빠랑 같이 탈 건데 아빠 무릎 위에 앉아서 슝~ 내려오면 끝나."라고 순서대로 설명해주면 아이는 계획과 수행 과정이 머릿속에 그려져 덜 불안해합니다.

"저녁까지 숙제 꼭 끝내! 몇 시까지 할지는 알아서 해야지."
"하다 보면 순서랑 다르게 할 수도 있지 짜증부터 내면 어떡해."
"엄마가 바쁘면 못 챙길 수도 있지."

판단형의 아이를 키우다 보면 마치 회사 상사에게 업무를 보고하는 듯한 느낌이 들 때가 있습니다. 아이로부터 언제, 무엇을, 왜에 대한 질문을 많이 받기 때문이죠. 아이가 판단형이라는 것을 파악하지 않은 상태에서는 엄마 말을 믿지 못하고 집요하게 군다고 생각할 수도 있습니다. 특히 사고형과 판단형이 결합되면 이런 성향은 더욱 강해지므로 의도치 않게 스트레스를 받을 수 있죠. 하지만 판단형 아이들은 지시 사항을 명확히 전달해주는 것만으로도 오히려 쉽게 키울 수 있습니다.

- 빨리 판단해서 결론 내리기를 좋아한다.
    → "빨리 하는 것도 좋지만 천천히 신중하게 하는 것도 좋은 방법이야. 다른 친구들 얘기 들어보고 다시 말해줄 수 있을까?"
- 숙제나 해야 할 일이 있으면 잠을 못 이룬다.
    → "숙제를 가장 편하게 할 수 있는 시간을 정해놓고 해보자."
- 준비물을 미리 챙겨야 안심한다.
    → "미리 챙길 수 없을 때는 유치원에 가는 길에 사도 괜찮아."
- 물건이 제자리에 있어야 한다.

→ "물건들을 어떻게 정리하면 좋을지 지훈이가 자리를 정해줄래? 그러면 다 같이 수업 시간 전과 쉬는 시간에 정리해보자."

- **계획을 세워서 수행하는 것을 좋아한다.**

    → "계획을 세우는 것은 매우 좋은 일이야. 성실하게 끝까지 잘한 것도 칭찬해. 하지만 무슨 일이든 계획대로 되지 않을 때가 있어. 그러면 너무 당황해하지 말고 다시 고쳐보자."

수업을 시작하기 전 아이들의 태도를 보면 인식형과 판단형이 쉽게 보입니다. 인식형은 적어도 5~10분 전에 미리 와서 자리를 맡아놓고 개요표와 말할 내용을 정리하면서 생각을 적어보고, 발표 전 연습 시간까지 확보합니다. 색연필이나 필기도구도 사용하면 곧바로 깔끔하게 뒷정리를 하죠. 정리 정돈을 잘하고 준비하는 성향이 있기 때문에 학습할 때에는 더할 나위 없이 모범적인 아이입니다.

하지만 계획대로 되지 않았을 때, 미리 준비하지 못했을 때는 당황하면서 제 실력을 발휘하지 못해 스트레스를 받습니다. 심할 때는 그것이 트라우마로 남아 발표 공포증이 생기기도 하죠. 이런 친구들에게는 사고의 유연성, 즉 계획은 언제든지 수정할 수 있고, 조금 늦거나 다르게 가도 괜찮다는 것을 설명해주면서 사고의 유연성을 키우고 다양한 사람과 어울리는 역량을 기르도록 도와주어야 합니다.

판단형(J) 부모 - 인식형(P) 아이

아이의 친구 집에 놀러갔을 때, 부모님이 판단형인 경우 정리 정돈이 깔끔게 잘 된 반면, 집 안 분위기가 다소 경직돼 있다고 느낄 때가 있습니다. 아이도 판단형이라면 서로 잘 맞아서 큰 문제가 없지만 아이가 인식형이라면 부모는 아이에게 잔소리를 많이 하게 됩니다.

"마음 편히 놀려면 숙제부터 해놔야지."
"주말에 하고 싶은 게 뭐야? 말해줘야 아빠가 미리 준비를 하지."
"가위 쓰면 제자리에 갖다 놓으라고 몇 번을 얘기하니?"

판단과 인식은 생활 습관과 밀접하게 연결되어 있다 보니 성향이 다르면 눈에 보이는 것에서부터 차이가 나서 서로 스트레스를 받기 쉽습니다. 아이가 어릴 때부터 잔소리가 점차 쌓이게 되겠죠. 인식형 아이는 미리 하지 않아도 결국 숙제를 해내고 정리도 합니다. 하지만 판단형 부모는 과정에서부터 결론까지 보기 때문에 아이에게 과정에 대해 조언해주면 도움이 됩니다.

판단형 부모가 숙제부터 하라고 말하는 이유는 '숙제를 미리 안 해두면 불안할 텐데, 왜 저렇게 태평하지?'라는 마음 때문이고, 인식형 아이가 그 말을 듣지 않는 이유는 '숙제해야 하는 거 아는데, 자기 직전에 후딱 해치울 수 있으니까 지금은 놀고 싶은데….'라는 마음 때문입니다. 서로 이렇게 동상이몽을 하다 보면 소통의 문은 닫힙니다. 오히려 걱정되는 마음을 충분히 전달하면서 아이이기 때문에 미처 예상하지 못한 오류와 계획 미숙을 언급함으로써 미리 움직이도록 해주는 것이 소통의 길입니다. "아빠는 유성이가 숙제를 제때 안 해서 내일 선생님한테 혼날까 봐 걱정이야. 이따 엄마도 퇴근하면 바빠서 못 봐주실 텐데, 저녁 먹기 전에 같이 해볼까?", "주말에 갑자기 일이 생길 수도 있으니까 준비물은 미리 준비하는 게 좋지 않을까? 마침 엄마가 문구점에 들를 일이 있으니까 유치원 끝나고 같이 다녀오자. 그러면 엄마 마음이 더 편해질 거 같아."처럼 준비를 함께하도록 권하면 좋습니다. 특히 감정형을 함께 가진 아이들은 이렇게 부모님의 감정까지 이야기해주면 더 효과적으로 행동할 수 있습니다.

- **이것도 좋고 저것도 좋아 결론을 미룬다.**
    → "신중하게 생각하는 것도 좋지만 계속 미루기보다 이제 결정하는 게 어떨까? 긴 시곗바늘이 12에 갈 때까지만 생각하고 지민이의 생각을 얘기해줘."
- **숙제나 해야 할 일의 기한을 못 지킨다.**
    → "다음 주 수업이 금요일이니까 수요일 밤까지 숙제해서 선생님에게 알려주세요. 그래야 선생님도 채점하고 수업을 준비할 수 있어요."

- 미리 준비하진 않지만 문제를 해결한다.
    → "준우가 준비하지 않는 동안 다른 친구들이 많이 불안하고 불편했을 거야. 다음에는 준우가 1등으로 준비해보자."
- 자리가 흐트러져도 상관하지 않는다.
    → "물건을 제자리에 두지 않으면, 다음에 쓸 때 찾는 시간이 오래 걸리고 물건을 잃어버릴 수도 있어. 그러면 다른 친구들이 불편하겠지?"
- 호기심과 흥미가 많고 즉흥적으로 수행한다.
    → "스스로 찾아서 해보다니 정말 멋진걸? 그런데 해리포터 마술봉을 미리 준비했으면 더 멋졌을 것 같아. 다음에는 미리 준비물을 한 번 더 생각해보고 잘 챙겨 오자!"

인식형 아이들은 방송에서 흔히 쓰이는 '애드리브'로 즉흥적인 무대를 잘 만들어냅니다. 그렇게 해도 성공적으로 해내는 경험이 쌓이면 이후에도 최대한 미루거나 느긋하게 시간을 보내는 경우가 많죠. 그러면 판단형 선생님은 계속 체크하면서 다그치게 됩니다. 집에서도 마찬가지일 텐데요. 이럴 때에는 무조건 잔소리하기보다는 아이가 빠르게 끝낼 수 있는 부분까지만 세부적으로 계획을 짜주고 다 마칠 때까지 기다려주는 게 필요합니다.

정리 정돈을 할 때에도 다 정리했다고 해서 확인해보면 눈에 보이는 물건을 대충 서랍에 밀어 넣어 잡동사니가 한가득일 때도 있어요. 이럴 때는 물건의 자리를 정해주고 그 앞에 이름표를 붙여줍니다. 집 안의 모든 물건은 자기 자리가 있고 그 자리에 두는 것이 함께 쓰기에 좋다는 사실을 알려주는 것입니다. 이 모든 과정에서 '우리 아이는 여유 있는 아이, 급하게 다그치면 역효과'라는 사실을 반드시 기억하면서 부족한 부분들을 채워나가야 합니다.

저는 ENFP지만 어릴 때는 내향형(I)이었고, 일을 하면서는 판단형(J)이 두드러집니다. 그래서 검사할 때에도 이 두 가지 항목은 서로 반대되는 성향과의 비율이 대략 6:4 정도로 나오는데요. 반면 ESTJ인 남편, INFJ, ENTJ인 아이들과 살다 보니 다른 성향은 어떻게 생각하고 행동하는지 매일 경험하고 있습니다. 학원에서도 수많은 아이를 접하면서 똑같은 수업 내용을 다루더라도 각각 어떻게 다르게 반응하는지 살펴보게 됩니다. 친구들과 어울리는 모습, 선생님과 잘 맞는 정도 등 여러 가지 상황을 보다 보면 아이에게 더 적합한 말과 태도를 적용할 수 있기 때문이죠.

물론 각각의 성향이 열여섯 가지 조합으로 딱 떨어지지도 않고, 아이들은 성장하면서 유형이 계속 달라지기 때문에 이러한 성격 유형 분석을 맹신해서는 안 됩니다. 다만, 아이의 말이나 행동이 잘 이해되지 않을 때 조금 더 잘 이해하기 위한 도구로써 사용하는 것이 좋습니다.

3파트에서 소개하는 스피치 홈스쿨링을 하실 때에도 책에 나오는 것과 다르게 아이가 반응한다면, '왜 저러지?' 하는 마음보다 '우리 아이가 어떤 성향이기에 그러지? 그럼 나는 어떻게 부족한 부분을 채워주지?' 하는 생각으로 조금씩 맞춰나가면 됩니다.

정보를 받아들이는 새로운 도구, 두뇌 유형

MBTI처럼 아이들이 정보를 받아들이고 표현하는 또 다른 활용 도구가 있습니다. 바로 두뇌 유형인데요. 흔히들 아이의 학습 능력을 우뇌형, 좌뇌형으로 구분하는 것은 많이 들어보셨을 것입니다. 이번 장에서 소개하는 유형은 정보를 어떤 감각과 시야로 바라보는지에 따라 나눈 큰그림형·레고블록형, 시각형·청각형·운동감각형입니다.

이런 두뇌 유형 분석은 주로 학습 태도와 자세에 대한 컨설팅과 상담에서 활용되는데요. 제가 운영하는 '맛있는 스피치'에서는 공부두뇌 연구원을 운영하는 정신건강의학 전문가 노규식 박사님과 함께 교재를 기획하고 두뇌 학습 유형을 분석했습니다. 이를 바탕으로 아이들의 스피치 코칭을 해왔고, 부모 교육 때도 소개해드렸는데요. 많은 어머님이 이 내용에 공감하시면서 아이를 이해하는 데 도움이 되었다고 하셨습니다. 큰그림형·레고블록형은 정보를 수집하고 표현하는 유형, 시각형·청각형·운동감각형은 그 정보들을 받아들이는 데 가장 발달한 기관이 무엇인지를 알아보는 지표들입니다.

이 유형 분석 역시 아이의 모습을 보고 단정 짓기보다 유형이 어디에 더 가까운지를 중점에 두고 해석하는 방식으로 활용하면 됩니다. 여기에서는 아이가 정보를 받아들인 다음 표현하는 과정을 중심으로 설명할 텐데요. AI 시대에 쏟아지는 정보 홍수에서 꼭 필요한 우리 아이들의 두뇌 유형에 따른 장단점을 잘 파악해 육아에 참고하시기 바랍니다(참고자료: 노규식 박사 블로그 '아빠의사가 들려주는 공부 이야기' – 두뇌 유형 이야기).

큰그림형과 레고블록형의 구분

우리 아이에게 다음 장의 사진을 보여주세요. 이 그림을 아이가 어떻게 설명하는지에 따라 큰그림형과 레고블록형으로 구분할 수 있습니다.

- 큰그림형: "이 사진은 저녁 노을이 질 때 나무 아래에서 친구들이 노는 사진이에요"
- 레고블럭형: "가운데 큰 나무가 있고, 하늘은 주황색이고, 사람 세 명이 있는데, 한 명은…."

　아이도, 부모도 이 둘 중 완벽하게 하나의 유형만으로 나오지는 않습니다. 어떤 때는 큰그림형, 어떤 때는 레고블록형의 모습이 더 많이 나오죠. 무의식중에 어느 성향을 더 많이 선호하는지에 따라 선택하면 됩니다.

　말하기에서 큰그림형은 조직화가 잘 되는 편이고, 레고블록형은 상세화가 잘 되는데요. 큰그림형은 전체 맥락을 먼저 훑은 다음 세부 내용으로 들어가기 때문에 듣는 사람이 이해하기 쉽게 설명합니다. 단, 큰그림형이 강할 경우, 세부적인 설명을 누락할 때가 많아서 결론이 흐지부지해지고 추상적으로 끝나는 경우가 많습니다. 『아낌없이 주는 나무』를 읽고 아이와 이야기를 나눠보세요. "나무와 소년이 서로 친구

① 큰그림형

- 사진 또는 그림을 보고 전체 분위기와 상황, 주제를 먼저 이야기한다.
- 책, 영화 등을 본 뒤 주제를 먼저 이야기하고 세부 장면을 이야기한다.
- 레고나 블록놀이를 새로 사면 설명서나 가이드를 먼저 읽는다.
- (학생·성인의 경우) 마인드맵, 도표로 정리하는 것을 선호한다.

② 레고블록형

- 사진 또는 그림을 보고 세부적인 요소들과 인물에 대해 먼저 이야기한다.
- 책, 영화 등을 본 뒤 세부 장면 위주로 장황하게 설명한다.
- 레고나 블록놀이를 새로 사면 뜯자마자 바로 갖고 논다.
- (학생·성인의 경우) 세세하게 필기하며 공부한다.

였다가 소년이 어른이 되면서 나무가 외로워져." 정도의 짧은 문장으로 요약한다면 큰그림형입니다.

이럴 때에는 추가 질문을 던지면서 이야기를 이어나갑니다. "나무와 소년이 친구가 되어서 어떻게 놀았어? 나무는 왜 외롭다고 생각했어? 나중에 소년은 나무한테 어떻게 했는데?" 등 자세하게 이해할 수 있도록 세부 사항에 대해 물어보면서 마지막에는 "엄마(아빠)는 그런 장면까지 설명해주면 더 잘 알 수 있을 것 같아."라고 덧붙이면서 왜 그렇게 설명해야 하는지 알려줍니다.

큰그림형은 나중에 면접을 준비할 때에도 "2학년 때 동아리 활동을 하면서 리더십과 배려심을 배웠습니다." 정도의 추상적인 이야기로 답변을 끝내버리기 때문에 설득력·전달력이 떨어질 수 있습니다. 논리적인 말하기에서는 '언제, 어디서, 누가, 무엇을, 어떻게, 왜'라는 육하원칙이 다 들어가야만 상대방을 설득하고 자기 주장을 강화할 수 있습니다.

반대로 레고블록형은 『아낌없이 주는 나무』에 대해 이렇게 설명합니다. "나무가 소년한테 그네를 만들어줬어. 소년한테 사과도 주고, 나무가 소년한테 이렇게이렇게 얘기했어."로 시작하죠. 끝까지 듣다 보면 횡설수설 중언부언하는 느낌이 들 때도 있죠. 레고블록형은 세세한 상황이나 장면을 잘 묘사하기 때문에 말을 곧잘 하는 친구의 얘기를 듣다 보면 장면이 잘 그려집니다. 하지만 들으면서 "그래서 주제가 뭐지? 이 아이가 느낀 점은? 배운 점은?"과 같은 의문이 들기 마련입니다.

이런 성향의 아이에게는 귀납법처럼 마지막에 "그래서 이 책의 주제는 사랑하는 사람에 대한 희생을 얘기하는 거였어."까지 나오도록 유도하면 세부사항만 보는 레고블록형의 단점이 보완됩니다. 레고블록형의 아이들과 이야기를 나누다 보면 인내심이 필요할 때가 있는데요. 우선 끝까지 아이의 얼굴을 보며 이야기를 들어주고, 마지막에 "그중에서 가장 기억에 남는 장면이 뭐였어? 이 책에서 얘기하고 싶은 교훈은 무엇일까? 그래서 지환이가 느낀 것(배운 것)은 뭐야?"라는 질문으로 전체를 바라보게 하고 "엄마(아빠)가 듣고 싶은 얘기는 그거였어."라는 말로 듣는 사람에게 필요한 정보를 주고 요약하는 것의 중요함을 일깨워줍니다.

- **큰그림형의 말하기:** 상대방이 이해할 수 있도록 육하원칙이 들어가도록 하기.
- **레고블록형의 말하기:** 장황한 이야기보다 주제나 핵심 장면을 골라서 이야기하기.

시각형·청각형·운동감각형의 구분

다음으로는 시각형과 청각형, 운동감각형을 어떻게 나눠볼 수 있는지 하나씩 살펴봅시다. 이 세 가지 유형은 각각 다음과 같은 특징이 있습니다.

① **시각형**
- 사진이나 도표 보는 것을 좋아한다.
- 혼자 놀 때 그림 그리기를 좋아한다.
- 책의 텍스트보다는 그림과 사진 보는 것을 좋아한다.
- 영화나 책의 장면을 잘 기억한다.
- 그림 자료, 몸짓 언어 제스처를 많이 사용한다.

> ② **청각형**
> - 말로 설명해주는 것을 더 잘 기억하고 이해한다.
> - 혼자 노는 것보다 대화 나누는 것을 더 좋아한다.
> - 책을 읽어주거나 들려주는 것을 좋아한다.
> - 영화나 책을 볼 때 장면보다는 대사를 잘 기억한다.
> - 자료를 제시하기보다 말로 설명하는 것을 선호한다.
>
> ③ **운동감각형**
> - 몸으로 체험하면서 배우는 것이 빠르다.
> - 책을 읽거나 영화를 볼 때 관련 행동을 같이 한다.
> - 정보를 받으면 바로 실행에 옮긴다.
> - 장난감 등을 분해하는 것을 좋아한다.

스피치 유형으로 봤을 때 시각형은 프레젠테이션을 잘하고, 청각형은 토론을 잘하며, 운동감각형은 진행을 잘합니다. 같은 정보를 주어도 어떤 방식으로 받아들이는지, 같은 말하기라도 어떤 방식으로 설명하는 것을 선호하는지 살펴볼 수 있는 항목입니다. MBTI 설명에서처럼 부모가 아이와 특히 학습이나 놀이를 할 때 이런 차이가 두드러지는데요. 다음의 예시를 보면서 아이의 특징을 어떻게 발달해줄 수 있는지 살펴봅시다. 반대 유형일 경우, 자신의 방식을 아이에게 강요해서는 안 됩니다.

- 책을 읽어주려고 할 때(청각형 부모) 아이가 잘 듣지 않고 그림과 사진에만 집중한다(시각형 아이).
  → 원래 글 내용을 읽어주지 말고 그림으로 이야기를 만들게 해보세요.
- 함께 그림일기를 쓰려고 할 때(시각형 부모) 아이가 귀찮아하고 싫어한다. 그보다는 대화하면서 하루의 일과를 풀어내고 싶어한다(청각형 아이).
  → 아이와의 대화를 녹음한 뒤 들으면서 받아쓰기 하듯 적게 해주세요.
- 책을 읽어주는 동안 방을 돌아다니고, 문장을 따라 하거나 흉내 내느라 진도가 안 나간다(운동 감각형).
  → 귀로 이야기를 들으면서 몸으로 충분히 표현할 수 있는 무대를 만들어주세요.

스피치를 가르칠 때 아이가 말할 내용을 정리해서 외우는 과정을 어려워하거나 긴장해서 당황하면, 이처럼 유형별로 코칭 방법을 적용합니다. 아이가 시각형이라면 글의 순서를 사람이나 집 모양의 그림으로 정리해서 머릿속에 그려보도록 합니다. 청각형이라면 묻고 답하면서 말의 순서를 짜임새 있게 만들어나가도록 하죠. 운동감각형은 내용에 맞는 제스처 연습을 많이 함으로써 자연스럽게 스피치를 진행하도록 돕습니다. 여기에 역할극도 해보면 내용을 더 쉽게 이해할 수 있습니다. 그 외에도 수업 태도를 보면서 아이 맞춤형 코칭을 하는데요.

- **청각형의 스피치:** 수업 시간에 필기를 안 해도 대부분 들으면서 이해하므로 필기를 강요하지 않는다. 수업 중에 다른 친구에게 방해가 되지 않는 선에서 중얼거리는 것은 나무라지 않는다.
- **시각형의 스피치:** 끊임없이 무언가를 그리면서 수업을 들어도 그대로 둔다. 말로 설명한 것을 기억하지 않는다고 탓하지 않는다.
- **운동감각형의 스피치:** 수업 내용과 관련한 움직임에 한해서는 허용한다. 색종이나 지우개, 나무 막대기 등을 활용해 수업 내용을 만들고 표현하면 한껏 칭찬해준다. 등장인물의 행동을 따라 연기하더라도 하지 말라고 하지 않는다.

아이가 타고난 특성과 기질, 그리고 세상을 바라보고 타인과 대화하는 태도와 기능은 MBTI에서 파악이 가능하고, 학습 내용을 받아들이고 표현하는 방식은 두뇌 유형으로 파악할 수 있습니다. 이러한 행동 양식을 알아둔다면 아이에게 맞는 교육 방향이 무엇인지 끊임없이 고민하고 부족한 부분을 채워주는 부모가 될 수 있습니다. 이렇게 완성되지 않은 하나의 인간을 연구하다 보면 육아가 조금은 덜 힘든 과정이 될 것입니다.

낯선 길을 갈 때 네비게이션이나 지도만 있으면 여행이 즐거워지죠. 많은 육아서와 교육 정보를 접하더라도 그에 앞서 우리 아이가 어떤 아이인지를 먼저 파악하고 적용한다면 육아의 즐거움은 한껏 더 커질 것입니다.

Part 3

유아 맞춤형 스피치 홈스쿨링

스피치 홈스쿨링 영상

언어 학습의 최적기는 언제일까?

아이와의 소통과 교감 연습은 엄마 배 속에서부터 시작된다고 해도 과언이 아닙니다. 임신 중 아이에게 책을 읽어주고 끊임없이 대화를 나누면 아이가 태어난 후 청각도 더 발달하고 듣기 능력과 언어 영역이 상대적으로 빠르게 성장한다는 연구 결과들이 있기 때문입니다.

그럼 아이가 태어난 이후부터 학령기에 들어가기 전까지 부모가 집에서 해줄 수 있는 홈스쿨링 스피치, 소통 및 공감 능력 향상 팁을 정리해보겠습니다. 월령 및 연령별 아이의 언어 수준 체크리스트나 필요한 언어 놀이들은 시중에 나와 있는 전문 육아서를 참고하면 더 자세히 알 수 있습니다. 이 책에서는 그런 언어 놀이가 제대로 효과를 보기 위한 뇌 과학적 이해와 스피치 표현력을 키우는 부모의 노하우를 위주로 소개하겠습니다.

우선 아이가 말을 잘하는 사람으로 자라게 하려면 어떻게 해야 할까요? 대부분의 부모가 '아이와 대화를 자주 나누고 언어 도구를 많이 접하게 하면 된다.'라고 단순하게 생각합니다. 하지만 뇌의 발달 과정을 보면 단어의 의미를 알고 저장하는 수용 언어 기능은 측두엽 대뇌피질의 한 부분인 베르니케 영역(Wernicke's Area)에서 담당하고, 생후 8~20개월에 혀와 얼굴, 후두 등을 움직여 어순과 문장을 만들어내는 표현 언어 기능은 전두엽의 브로카 영역(Broca's Area)에서 담당하는데, 15~24개월에 가장 성장 속도가 빠릅니다.

그리고 수용 뇌에서 언어 기능과 연상 사고력을 담당하는 측두엽의 뇌량은 연령에 따라 성장률이 다른데, 4~6세에서 1~20퍼센트 성장률을 보이다가 7세가 되면 85퍼센트 이상으로 최고의 성장을 보이고 12세까지 80퍼센트 이상 빠르게 성장합니다. 그러다가 12세, 즉 초등학교 5~6학년 정도가 되면 16세까지 0~25퍼센트로 성장이 급격히 떨어지기 때문에 언어 학습의 최적기는 6~12세까지로 보고 있습니다(참고자료: 김영훈, 『적기두뇌』, 경향미디어, 2015, p.88).

이러한 이론을 바탕으로 아이들의 언어 자극과 성장 시기를 0~24개월, 24~48개월, 4~7세로 나누어 정리해보겠습니다.

0~24개월 영아
말하기 베이직

사람이 태어나고 나서 '인간다운 대화'가 가능해지기까지는 평균적으로 만 24~36개월의 시간이 필요합니다. 처음에는 울음과 옹알이만으로 부모에게 의사를 표현하던 아이는 어른의 입 모양을 따라 하면서 '엄마', '아빠'라는 단어로 처음 말을 시작하고 주변의 사물 이름을 하나씩 말하기 시작하다가 "엄마, 우유, 주세요." 정도의 단순한 문장을 구사할 수 있게 됩니다. 이런 시간을 지나는 동안 부모가 소통과 대화를 이어나가다 보면 아이의 언어 영역을 자극해줄 수 있습니다.

아이의 언어는 반복과 노출에 의해 완성됩니다. 이 시기에 같은 말을 반복해서 들려주면 어휘력 향상과 언어 영역 발달에 도움이 되는데, 가장 좋은 방법은 의태어, 의성어 등을 많이 활용한 동화책을 읽어주거나 동요를 들려주고 따라 부르도록 하는 것입니다.

아이와의 상호 작용

이탈리아의 뇌신경학자인 자코모 리촐라티가 발견한 '거울뉴런'은 태어날 때부터 누구나 갖고 있습니다. 아이는 태어나자마자 울음과 옹알이 수준의 음성과 행동 제스처를 통해 '배고프다', '졸리다', '피곤하다', '기저귀가 축축하다', '몸이 아프다', '배에 가스가 찼다' 등의 의사를 표현합니다. 이때 아이의 얼굴을 보며 상황에 맞는 말과 표정, 제스처를 함께 보여주면 아이는 작게는 표정부터 혀 내밀기나 입술 내밀기, 찡그리기, 활짝 웃기 등의 작은 행동들을 따라하게 됩니다.

그러면서 기저귀를 갈 때, 목욕을 시킬 때, 수유를 할 때 등 일상생활에서 아이와의 상호작용을 이어나갑니다. 마치 아이와 대화하듯 아이의 상태와 상황을 묘사하는 언어도 함께 사용합니다.

"아, 배고팠어요?"
"기저귀가 흠뻑 젖었네."
"아이고, 시원해라. 목욕하니까 좋다, 그치?"

아이와 눈을 맞추고, 입 모양을 보여주듯 얼굴을 마주할 뿐 아니라 행동과 언어에 따라 쓰다듬고 안아주는 등의 스킨십을 더한다면 아이는 정서적 안정감을 바탕으로 편안하게 언어를 습득할 수 있는 환경에 놓입니다.

간혹 부모님 가운데 평소 말수가 적거나 쑥쓰러움이 많아서 아이를 앞에 두고 혼잣말하는 것을 어려워하는 경우가 있습니다. 그런 분들에게 이런 코칭을 해드리면 어색해하시는데요. 이런 행동들은 누구에게 평가받는 말하기가 아니라 아이를 향한 애정 표현이기 때문에 편안한 상태에서 '듣기'밖에 안 되는 누군가에게 설명하듯 말하면 됩니다.

이때 '장소 및 환경 - 아이 또는 부모의 행위 - 아이 또는 부모의 기분과 감정'의 순서나 범주를 정해두면 좀 더 쉽게 따라 할 수 있습니다.

범주	예시
장소, 환경	병원에 갑시다. 집에 왔어요. 거실로 가볼까요? 등
아이 또는 부모의 행위	맘마 먹어요. 모빌을 보고 있네. 기저귀 갈아줄게요 등
아이 또는 부모의 기분과 감정	기저귀가 젖어서 찝찝했구나. 졸린데 잠이 안 와서 짜증 났구나. 맘마 먹어서 기분이 좋아졌네 등

범주에 따른 말하기 예시

의태어, 의성어 동화책 읽어주기

예부터 전해 내려오는 '곤지곤지, 쥠쥠, 짝짜꿍' 같은 놀이를 하는 것만으로도 아이는 웃고 즐거워합니다. 그런 단순한 단어들로 세상을 표현하는 방법을 조금씩 익혀나가는 것이 이 나이대의 기쁨입니다.

이처럼 아이들은 반복되는 말을 들으며 언어 학습 기능 속도가 빨라집니다. 아이들의 언어를 잘 들어보면 '맘마, 빠빠(밥)', '꺼꺼(저것), 끼끼(이것)', 그 외에는 대부분 '아, 어' 등의 한두 음절을 반복하는 방식으로 말합니다. 부모가 듣기엔 도대체 무슨 말일까 싶지만, 그것만으로도 다양한 사물을 가리키고 감정을 표현하죠.

생후 9~12개월이 지나면서부터는 그림책을 읽어줘도 됩니다. 이때 책을 읽다 보면 같은 내용의 문장이나 단어가 반복되는 글이 나옵니다. 아이가 눈으로 그림을 볼 때, 엄마가 음성으로 내용을 반복해서 읽어주면, 아이는 브로카 영역의 시냅스가 발달하면서 시각 자료와 언어를 연결하기 시작합니다.

- 하늘에서 별이 반짝반짝 빛납니다.
- 아빠와 아들은 목욕탕에 '풍덩' 하고 빠졌어요.
- 토끼는 폴짝폴짝, 거북이는 엉금엉금 달리기를 합니다.
- 하늘에서 눈이 펑펑 내려요.
- 영희는 미끄럼틀에서 주르륵 미끄러져 내려왔답니다.
- 고양이는 야옹야옹, 강아지는 멍멍, 소는 음매음매. 동물농장 식구들이 모두 모였어요.

위와 같은 내용이 담긴 동화는 0~3세 추천 동화책에 많습니다. 다만 이 같은 반복 효과를 제대로 누리기 위해서는 부모의 청각적인 음성과 시각적인 표현이 무엇보다 중요한데요. 책을 마치 AI처럼 영혼 없는 말투로 의무감에 읽어주다 보면 아이는 재미있는 의성어, 의태어에 흥미를 느끼지 못하고 표현력 또한 떨어집니다. 거울효과를 통해 아이 또한 그 의미를 느낄 수 있도록 의성어, 의태어에서는 '미파솔' 정도의 음높이로 발랄하게 표현해줍니다. 평소 언어 표현이 단조로운 부모님이라면 제스처를 써보세요. 손으로 모양이나 소리를 흉내 내는 것만으로도 음성이 이에 맞게 달라지는 것을 느낄 수 있습니다.

만 2~3세 아이들에게 아빠와 아들이 함께 대중목욕탕에 간 내용의 동화책을 읽어준 적이 있습니다. 두 주인공이 탕에 들어갈 때 아빠는 몸이 크기 때문에 '풍~덩', 아들은 몸이 작기 때문에 '퐁당!'이라고 읽어주며 목욕탕 안에 들어가는 시늉도 했는데, 이 작은 음성과 행동의 차이가 아이들을 까르르 웃게 만들었습니다. 동화책을 읽어준 후에도 아이들은 '풍~덩'과 '퐁당!'을 말에 섞어서 쓰고 장난을 치는 등 다양한 방식으로 표현했습니다. 그리고 한 달여 동안 같은 책을 똑같이 읽어달라는 주문이 이어졌는데요. 아이가 한 권의 책을 계속해서 읽어달라고 요청하는 것은 내용도 좋지만, 이런 흥미로운 단어에서 재미를 느낀다는 의미이므로 어떤 포인트에 반응하는지 잘 관찰해 책의 즐거움, 언어의 재미를 느낄 수 있도록 해줍니다.

동요 바꿔 부르기

"곰 세 마리가 한 집에 있어. 아빠 곰 엄마 곰 아기 곰.

아빠 곰은 '뚱뚱해'

엄마 곰은 '날씬해'

아기 곰은 '아이 귀여워'

으쓱으쓱 잘한다."

"삐악삐악 병아리 음매음매 송아지

따당따당 사냥꾼 뒤뚱뒤뚱 물오리

푸푸 개구리 집게집게집게 가재

푸르르르르르 물풀

따단따단딴 소라!"

우리도 어려서부터 많이 듣고, 지금까지도 어디서든 쉽게 들을 수 있는 동요들입니다. 24개월 전 아이들이 많이 듣는 동요 역시 잘 살펴보면 가사에서 의성어, 의태어가 반복됩니다. 아이들과 이런 노래를 같이 부를 때는 눈을 맞추고, 아이와 함께 손동작을 만들어봄으로써 언어 표현력을 높여주는 것이 중요합니다. 조금 더 욕심을 부린다면 가사를 바꿔 부르는 것도 아이의 어휘력과 상상력을 높이는 데 도움이 되겠지요.

〈곰 세 마리〉를 예로 들어봅시다.

"아빠 곰은 뚱뚱해, 엄마 곰은 날씬해, 아기 곰은 아이 귀여워." 부분을 "아빠 곰은 키다리, 엄마 곰은 반짝이, 아기 곰은 귀염둥이"라는 식으로 바꾸거나 "팔랑팔랑 나~비, 멍멍멍멍 강아지~, 야옹야옹 아기 고양이"라는 식으로 아이가 알고 있는 단어를 최대한 활용해 다르게 표현하다 보면 아이는 스스로 노래를 만들고 부르는 과정에서 창의력을 높이고 언어 능력도 발달하게 됩니다.

24~48개월 유아 말하기 베이직

이 시기에는 아이들의 어휘력이 폭발한다는 표현을 많이 씁니다. 매일매일 익히는 단어가 빠르게 늘어나고, 단어와 단어를 연결하면서 문장을 만들며, 명사를 나열해서 문장을 만들던 방식에서 더 나아가 조사가 붙고, 형용사와 동사를 이어 말하면서 다양한 표현을 구사하게 됩니다. 이 시기부터 6세까지 배우는 단어는 약 1만 3,000여 개에 이른다고 합니다. 이럴 때는 녹음기를 들고 다니면서 24시간 녹음하고 싶을 만큼 아이들의 무한 상상력에서 나오는 신기한 표현에 웃음이 끊이지 않죠.

"내가 오줌 싼 거 아니야. 오줌이 이불이 좋아서 간 거라고!"

"내 옷이 빨랫줄에서 춤을 추고 있어요."

이때에는 아이들이 말하는 단어와 문장을 바르게 고쳐주기보다는 그 말을 표현할 때 아이의 감정과 기분을 살피고 더 확장할 수 있는 말들로 말놀이를 이어가면 어휘력이 향상되고 적확하게 표현하는 방법도 배우게 됩니다.

왜 질문 대처법

특히 이때 가장 많이 하는 질문이 바로 "왜?"죠. 아이는 세상 모든 것이 궁금하고 그것을 말로 표현하고 싶어합니다.

"엄마, 하늘은 왜 파란색이야?"
"아빠, 왜 남자는 치마를 안 입어?"
"엄마, 양말은 왜 신어야 해?"
"아빠, 왜 자동차보다 기차가 더 빨라?"

처음에는 부모 역시 아이의 호기심이 신기해서 이것저것 알려줍니다. 하지만 모든 질문에 일일이 답해주기는 어렵습니다. 끊임없는 질문 폭탄에 부모님은 지쳐가고 아이는 답답해할 뿐이죠. 그러다 보니 부모는 이 상황이 점점 귀찮아지고 아이에게 맞춰주지 못하는 게으른 부모가 된 것 같아 스트레스만 늘어납니다.

이때 간단한 해결책은 같이 질문을 해주는 거예요. "그러게. 왜 그럴까?"로 한번 되물어보세요. 부모가 답을 알고 있더라도 "어? 왜 파란색이지? 왜 양말을 신어야 하지? 왜 더 빠르지?" 하고 아이의 생각을 물어보는 겁니다. 그러면 아이는 스스로 한 번 더 생각하면서 일방적으로 정보를 들었을 때보다 그 정보에 대해 더 정확하게 인지하고 기억할 수 있습니다.

"자동차가 기차보다 빨랐네. 아빠도 몰랐는데…. 왜 그럴까? 지훈이는 왜 그렇게 생각해? 우리 그 이유를 같이 찾아볼까?"

이렇게 대화를 이어나가면서 책을 같이 펼쳐보면 책과 자연스럽게 친해질 수 있고, 유튜브나 동영상에서 정보를 찾더라도 일방적인 미디어 노출이 아니라 소통 도구로써 자연스럽게 접하기 때문에 '팝콘 브레인'(워싱턴대학원 정보대학원 데이비드 레비 교수가 만든 용어로, 시각 또는 감정적으로 즉각적이고 자극적인 영상에 반복해서 노출되면 뇌의 전두엽이 반응하는 데 내성이 생겨 일상생활에 흥미를 잃고 뇌가 마치 팝콘 터지듯 더욱 큰 자극만을 추구하게 된다는 의미)이 되는 것을 막을 수 있습니다.

그리고 "엄마도 잘 모르겠는데? 아빠도 몰랐는데?"라며 같이 정보를 찾아가다 보면 아이는 부모보다 자신이 조금은 더 알고 있다는 마음에 자신감도 생기고, 부모와 함께 세상을 깨우치는 과정에서 든든함을 느낍니다. 그렇기 때문에 무엇보다 중요한 것은 아이의 호기심과 질문에 관심을 갖고 애정의 눈빛을 보내며 함께 알아보고 싶다는 시그널을 보여주는 것입니다.

아이들은 정보를 해결하기 위해서만 질문을 던지지 않습니다. 말하는 것 자체에 재미를 느끼는 경우도 있고, 단순히 부모의 관심을 끌기 위해 질문하는 경우도 있기 때문에 기껏 질문을 던져놓고 부모가 대답하는 사이 다른 데 집중하는 일도 생깁니다. 이럴 때는 단순한 말장난이더라도 아이의 창의력을 높여줄 방법을 생각해보세요.

언젠가 4세, 6세 아이들과 함께 '호빵'을 먹으며 이야기를 나눈 적이 있습니다.

"선생님, 근데 이건 왜 호빵이에요?"
"글쎄, 선생님도 왜 호빵인지 궁금한데? 너희들은 왜 그런 것 같아?"
"뜨거워서 호호 불어 먹으니까요."
"호랑이가 먹던 빵이라서요."
"빵을 접시에 놓으면 연기 모양이 '호'라는 글자랑 비슷해요."
"호수에서 나온 빵이라서 그럴까요?"

이렇게 대화가 오가는 사이 아이들의 머릿속에 얼마나 많은 상상과 생각이 펼쳐졌을까요? 어린이의 상상력은 그 세계가 무한하다는 것을 새삼 느끼게 됩니다.

아이의 '왜?'라는 질문을 두려워하지 마세요. 서로 질문을 주고받고 세상을 탐색하다 보면 육아와 살림, 일에 지친 마음이 오히려 잠시나마 정화되는 느낌이 들 겁니다. 그러다 보면 부모 역시 아이와 함께 세상을 바라보는 눈이 넓어져 아이의 말을 키워주는 큰 역할을 해줄 수 있게 됩니다.

감정을 구체적으로 표현하는 방법

24~48개월은 어휘력은 많이 늘어났지만 추상적인 개념을 이해하고 표현하기에는 아직 어린 시기입니다. 그러다 보니 '화나고 짜증 나고 불편한' 감정들을 말하거나 친구들 사이에서 생긴 갈등을 대처할 때는 언어에 한계를 느끼게 됩니다.

부모가 봤을 때 아이의 기분이 분명 평상시와 다른데 말은 안 하고, 울거나 화내거나 소리 지르는 등 퇴행적인 방식으로 표현하면 답답하기만 하죠. 그러면 나도 모르게 "그래서 어쩌라고!"라며 소리부터 지르게 되고 문제가 해결되기는커녕 아이가 더 큰 소리로 울면서 악순환이 계속됩니다.

뭔가 직접적인 말로 표현하기 어려운 감정이 들 때 흔히 사용하는 방법에는 '비유법'이 있습니다. 한국어뿐 아니라 영어에서도 다양한 비유법을 사용하는데요. 기분이 좋아서 "하늘로 날아갈 것 같아."라는 표현을 사용한다거나 비가 시끄럽게 온다는 것을 동물에 비유한 "It's raining cats and dogs."처럼 어떤 현상을 사물이나 색깔에 빗대어 표현하는 방식이 모두 비유법에 포함됩니다.

비유법은 눈에 보이는 현상 이외에 모호한 개념을 표현할 때도 사용합니다. 영어에서는 "기분이 우울하다."를 "I feel blue."라고 말하는데요. 이는 항해 중에 선장을 잃은 배가 파란색 깃발을 달고 돌아온다는 데에서 유래한 표현입니다. 이처럼 모두 다 아는 문장 말고도 아이가 스스로 색이나 모양을 어떻게 느끼는지 비유해서 말해보도록 유도해주세요.

가족과 놀이공원에 다녀온 아이가 기분이 좋아 흥분한 상태에서 집안 곳곳을 뛰어다닙니다. 기분이 너무 좋은 나머지 넘어지기도 하지만 그 기분을 몰라주고 조심 좀 하라며 혼내는 엄마가 야속해서 "싫어!"를 연발할 때, 어떻게 해야 할까요? 이럴 때는 "서준이가 오늘 놀이공원 다녀와서 기분이 너무 좋구나. 엄마는 어느 정도로 좋은지 상상이 안 되는데 지금 기분이 무슨 색깔이야? 어떤 물건 같아?"라고 물어봅니다. 이런 질문을 받은 아이는 자신의 들뜬 기분을 돌아보며 "반짝반짝 빛나는 노란색 같아. 팡팡 터지는 비눗방울 같아."라고 정제된 언어로 감정을 되돌아보며 흥분된 기분을 추스르고 마음을 정리할 수 있습니다. 이 말을 들은 엄마는 다음과 같이 표현하면 좋겠죠?

"우와 노란색이 너무 반짝거려서 엄마가 눈이 부신데, 조금만 색깔을 줄여줄 수 있을까?"

"비눗방울이 너무 터져서 집이 비눗방울로 가득한데 조금만 덜 불어주면 좋을 것 같아."

반대로 기분이 나쁠 때에도 이런 표현들로 감정 언어를 배울 수 있습니다. 아이가 친구들과 놀다가 장난감을 서로 갖겠다고 다투고 난 뒤 화가 난 상태로 엄마에게 투정을 부립니다. 이때 "시후가 지금 기분이 많이 안 좋구나. 짜증 나? 화가 나니? 아니면 슬플까?"라고 물어보면 아이는 자신의 감정을 정확히 파악하지 못하고 "몰라!"라고 반응하면서 상황이 더 악화될 수도 있습니다. 그렇다면 "시후가 어떤 기분인지 색깔로 얘기해볼래? 아니면 그려볼까? 엄마도 같이 그림을 그리면서 시후 기분이 나아질 수 있게 도와줄게."라고 말하면 이후에도 기분을 말하는 걸 놀이처럼 인식해 편하게 표현하게 됩니다.

아이들이 감정을 표현하는 색과 그림은 다양합니다. 우울해서 회색, 화가 나서 빨간색, 짜증 나서 초록색이라고 말하기도 하고, 그림으로는 뾰족한 가시, 선인장, 날카로운 못이나 바늘, 커다란 망치 등 다양한 사물을 자신만의 기준으로 말해줍니다. 이렇게 색과 그림으로 감정을 표현한 다음에는 한 걸음 더 나아가 이를 긍정적인 감정으로 소화하는 방식을 찾아봅니다.

"그럼 회색이 기분 좋은 노란색으로 변하게 하려면 어떻게 해야 할까? 뾰족한 바늘이 안 아프게 하려면 어떻게 하면 좋을까?"라며 부정적인 감정을 충분히 인정해주면서 감추고 참는 대신 다른 사람에게 피해를 주지 않는 선에서 다스리는 방법을 같이 나눕니다. 만약 아이가 혼자만의 시간이 필요하다고 하면 마음을 들여다볼 수 있는 시간을 주고 혼자서 그림을 그리도록 두어도 괜찮습니다. 이로써 아이는 막막해하는 감정 표현 언어를 다양한 방식으로 풀어나가게 됩니다.

심리치료에서 활용되는 방법을 응용하는 것도 좋습니다. 부정적인 감정, 즉 색칠하거나 그림을 그린 종이를 한껏 구겨서 쓰레기통에 던져버리거나 방 밖으로 던지는 행위만으로도 아이의 감정은 풀어질 수 있습니다.

저희 아이에게도 비슷한 일이 있었습니다. 지환이가 4살 때, 지인들과 함께 캠핑장에 놀러 가기로 한 날이었습니다. 지환이는 캠핑장에 가는 길에 "엄마 나 너무 짜증 나!"라고 말했는데, 어투나 표정을 살펴보니 그보다는 속상한 마음이 더 커 보였습니다. "왜 짜증 나는데?"라고 묻자 캠핑장에 같이 놀러 가는 가족 중 형들이 많다 보니 자신은 어리다고 안 끼워줬다고 합니다.

"지환아, 그래서 캠핑 가는 기분이 좋지 않았구나. 그럴 때에는 '짜증 난다'보다는 '서운해, 속상해'가 더 어울리는 거 같아."라고 하니 그 말은 자주 쓰지 않았던 단어라며 갸우뚱합니다.

"그럼 말보다 색깔로 얘기해보면 뭐가 더 어울릴까?"

"음… 차가운 마음이 들어서 파란색이 맞는 거 같아."

"그럼 지환이의 파란색 마음을 형의 노란색이랑 형 친구들의 빨간색, 초록색이랑 합쳐서 무지개처럼 만들어보면 어떨까? 그럼 파란색이 차갑지만은 않을 것 같은데?"

캠핑장에 모두 모였을 때에는 예상대로 어린 지환이가 종종 소외되긴 했지만, 아이는 시무룩해하기보다 자신이 좋아하는 활동을 하며 감정을 정리하려고 노력했고, 투정을 부리거나 짜증을 내지 않았습니다.

우리가 처음 외국어를 배울 때, 어휘력의 한계로 모든 것을 다 표현하지 못해 답답한 상황을 겪곤 합니다. 이런 장벽에 자주 부딪히면 말을 아예 안 하거나 포기하기도 하죠. 우리 아이도 그런 상태라고 바라봐주세요. 단어를 알고 문장을 말한다고 해서 아이의 언어가 어른과 같은 수준일 수는 없습니다. 아직 감각과 감정을 확실하게 학습하지 못한 뇌는 조절력이 떨어집니다. 기쁨, 행복, 즐거움뿐 아니라 슬픔, 분노, 짜증, 신경질 등 구체적인 감정을 어떻게 조절해야 하는지 제대로 배우지 못하는 아이는 소위 '떼 쓰는 아이'로 자라게 됩니다.

이럴 때 아이 스스로가 어떻게 느끼는지 비유법으로 표현하도록 하고 이 과정을 통해 직접적인 감정 반응을 지연시킴으로써 감정을 조절할 수 있습니다. 비유법을 쓰는 것은 감정 조절 능력뿐 아니라 표현력과 상황에 대한 수용력을 높이며 부정적인 감정을 다스리면서 자존감까지도 높일 수 있습니다. 더 나아가 청소년기, 성인기에 들어서도 자신과 타인의 감정에 민감하게 반응하는 공감 능력도 향상됩니다.

유행어 금지

"우와! 노을이 정말 예쁘다!"
"로봇이 정말 크네!"
"수진이 진짜 멋진 것 같아!"
"개미가 이런 집을 짓다니 정말 놀랍다! 어떻게 이렇게 만들었지?"

부모님이라면 아이들과 바깥에서 활동하면서 이런 문장을 흔히 써 보셨을 겁니다. 아이가 세상을 특별한 곳으로 느꼈으면 하는 바람으로 감탄사를 자주 사용하게 되죠. 하지만 요즘 육아 현장에서는 다음과 같이 단어 몇 개로 함축해서 말하는 광경을 종종 보기도 합니다.

"헐~ 대박~ 개쩐다!"

신조어가 다 나쁜 것은 아닙니다. '대박'이나 '쩐다'는 국립국어원 표준국어대사전에는 등재되지 않았지만 인터넷 사전에는 의미와 용례가 나와 있을 정도로 많이 쓰는 말입니다. 아이들이 성장하면서 또래 집단이 강해지면 신조어나 은어를 쓰면서 소속감을 느끼기도 하고, 자기

들만의 소통 창구로 활용하기도 합니다. 그렇다고 해서 부모가 아이 앞에서 신조어나 유행어를 쓰는 것은 지양해야 합니다. 아이의 어휘력과 표현력을 떨어뜨리기 때문이죠.

한번은 7세 수업에서 예쁜 노을이 지거나 우박이 내리는 상황을 가정하고, 아이들에게 이 장면을 묘사하며 기분을 표현해보라고 이야기했습니다. 그러자 여기저기서 "와, 대박. 와, 대박!"만 연신 나오고 그 외에는 "아름답다. 멋있다." 정도에 그쳤습니다. 아이들에게 다양한 표현을 고민해보자고 이야기하니 '대박'이라는 말만큼 정확한 표현이 없다면서 그냥 쓰고 싶다는 대답이 돌아왔습니다. 이 말을 들은 저는 잠시 고민에 빠졌습니다.

하지만 이렇게 특정 표현에 갇혀서는 언어 능력에 한계가 생기므로 비유 표현을 쓸 수 있도록 유도했죠. 그 결과 "눈이 부셔요.", "하늘에 천사가 마법을 부린 듯 노을이 아름다워요.", "우박 소리가 심장이 쿵쾅거리는 것 같아요.", "조약돌로 콩콩거리는 우박 소리." 등 예쁘고 순수한 마음을 표현하는 여러 가지 표현들이 나왔습니다.

부모님은 아이들 앞에서 최대한 신조어나 유행어를 쓰지 않도록 노력해야 합니다. 3세, 5세 남매를 키우는 아버님을 캠핑장에서 만나 한 시간가량 대화한 적이 있습니다. 그분은 모든 맞장구를 "헐. 대박."으로만 했는데요. 그러고 나서 그분의 아이들을 보니 놀면서 사용하는 감탄사가 이 두 가지밖에 없다는 사실을 알게 되었습니다.

그렇다면 아이들이 밖에서 배워와 먼저 이런 말을 쓸 때는 어떻게 반응해야 할까요? "대박? 헐? 그게 무슨 말이지? 아빠도 가끔 쓰지만, 지금 서준이가 말한 대박은 어떤 의미인지 다른 말로 설명해줄래?"라며 새로운 표현을 쓸 수 있도록 유도해주세요. 무조건 쓰지 말라고 부정 지시어로 말하기보다는 다른 표현이 기분과 감정을 훨씬 더 잘 표현해줄 수 있다는 것을 이해하도록 알려주는 것이죠. 만약 아이가 어려워한다면 다음과 같이 대체할 수 있는 단어들을 추천해주세요.

- 헐 → 어머, 어쩜, 이럴 수가!, 놀랍다!, 깜짝이야!, 진짜?
- 대박 → 우와!, 정말?, 아주, 매우, 많이, 엄청, 너무
- 쩐다 → 아주 좋다!, 매우 대단해, 대단히, 굉장히 (+ 잘한다/못한다/멋있다 등)

영국의 철학자 루드비히 비트겐슈타인은 『논리-철학 논고』에서 "내 언어의 한계는 내 세계의 한계를 의미한다(The limits of my language are the limits of my worlds)."라는 말을 남겼습니다. 우리 아이를 AI가 표현해내지 못하는 감성과 상상력을 발휘하는 아이로 키우려면 여러 가지 다양한 표현을 일상에서도 자유롭게 쓸 수 있도록 아이의 내면세계를 무한대로 끌어줄 수 있어야 합니다.

5~7세 유아 말하기①
- 기본 스피치 놀이 10

　이 시기부터는 그림이나 간단한 단어, 숫자로 표현하는 것, 그리고 약속이나 다짐 등을 정하며 지키도록 노력하는 것이 가능합니다. 유아교육기관에서도 정밀하게 하기는 어렵지만, 어느 정도 소근육 발달이 진행되어 자르고 붙이는 행위, 그림 그리기 등이 가능하며, 시간과 공간에 대한 개념을 알고 사건을 순서대로 말할 수 있는 등 발달 수준과 연령에 맞는 교육을 체계적으로 받게 됩니다.

　이 장에서는 이 기준을 바탕으로 집에서 아이의 말하기 자신감을 키워줄 수 있는 여러 가지 놀이들을 소개하겠습니다.

1 5단계 목소리 볼륨 정하기

아이들에게 목소리의 크기를 정확하게 요구하는 것은 어려운 일입니다. "조금 더 크게 얘기해봐. 똑바로 얘기해봐. 조금 작게 얘기해봐."라고 말하더라도 이 '조금'이 어느 정도인지 가늠하기 어렵기 때문입니다. 그래서 1~5번까지의 목소리 크기를 마치 라디오의 볼륨 단계처럼 지정해주고 그 안에서 아이 스스로 목소리 크기를 조절할 수 있게 해줍니다.

이렇게 목소리 크기에 따라 번호를 매기면 아이는 숫자와 목소리 크기를 일치시킴으로써 어떤 상황에서 어느 정도의 목소리를 내야 하는지 스스로 파악할 수 있게 됩니다. 특히 이 개념을 잘 익히면 공공장소에서 시끄럽게 떠들 때, "엇, 여기는 2번 목소리여야 하는데 지금 4번까지 커졌네!"라고 에둘러 주의를 주거나 작은 목소리로 우물우물 말할 때 "친구들이 잘 들을 수 있도록 3번으로 해야 하는데 지금 1번으로 들려요. 3번까지 크게 해볼까?" 등 상황에 맞는 목소리 크기를 깨우치도록 알려주기 쉽습니다. 다음 내용을 보면서 구체적으로 어떻게 알려줘야 하는지 알아봅시다.

놀이 방법

1 A4 용지에 1~5번까지 번호를 적습니다.
2 각 종이를 기준점 1번을 시작으로 1~2m(발걸음 기준) 간격으로 거실 또는 방에 붙입니다.
3 작은 공이 1~5번까지 닿도록 던져보며 거리를 가늠합니다.
4 공을 빼고 "아! 야! 엄마!" 등의 단어를 내뱉으며 아이가 목소리 크기를 조절하도록 합니다. 이때 아이가 거리에 대한 이해가 부족하다면 각 번호에 맞는 상황을 알려주세요.
- 1번: 속닥속닥 비밀 목소리
- 2번: 친구랑 엄마와의 일상 목소리
- 3번: 교실 크기의 공간 끝에서 끝을 향한 목소리(발표 목소리)
- 4번: 내 방에서 한 칸 지난 거실, 부엌의 누군가를 부르는 목소리
- 5번: 큰 도로의 횡단보도 건너편에서 부르는 목소리 또는 다급한 목소리 (살려주세요!)

2 소리공 던지기

가족 모두의 목소리가 작으면 가정에서 대화하는 분위기가 조용조용하기 마련입니다. 이런 분위기에서 자라다 보면 종종 목소리를 크게 내는 것 자체에 두려움이 큰 아이들이 있습니다. 이 놀이는 다른 사람에게 피해가 가지 않는 범위에서 내 목소리가 얼마만큼 커질 수 있는지, '5단계 목소리 볼륨 정하기'처럼 거리 개념으로 만든 발성 훈련법입니다.

놀이 방법

1 탱탱볼 정도의 가벼운 공을 준비해 편하게 소리를 낼 수 있는 실외로 나갑니다. 실내에서도 가능하지만 공을 주고받아야 하므로 충분히 넓으면서 다른 사람에게 피해가 가지 않는 공간을 선택해야 합니다.
2 캐치볼처럼 공을 서로 주고받거나 멀리 던지기를 해봅니다.
3 '소리공'에 아이 이름을 쓰고 공을 던지며 '아~'라고 소리를 던지는 연습을 합니다. 이때 자신감이 없으면 곧바로 공을 던지지 말고 손을 앞으로 쭉 뻗었다가 내리는 것부터 시작합니다. 목소리가 계속 나올 때까지 손을 앞으로 쭉 뻗도록 도와주세요.

3 한글카드와 함께 스무고개

아이가 단어를 익힐 때 한글 단어카드를 사서 집 안 곳곳에 붙여놓습니다. 사물과 글자를 연결하는 방식으로 한글을 배우는 과정인데, 이때 사물을 좀 더 잘 설명할 수 있는 놀이입니다.

사물을 설명하는 과정에서 '먹는 것, 쓰는 것, 엄마 것, 아빠 것, 내 것, 부엌에 있는 것, 거실에 있는 것' 등 사용 범주를 말해주는 것만으로도 아이의 조직화 기능, 즉 숲을 보는 두뇌가 발달하게 됩니다.

놀이 방법

1. 부모님이 단어카드 뭉치를 들고 사물에 대해 묘사합니다.
   "부엌에 있고, 음식을 차갑게 만들어줍니다. 세 글자예요."
   아이가 '냉장고!'라고 하면 해당 단어카드를 아이에게 주고 냉장고에 붙이도록 합니다.
2. 같은 방식으로 아이가 문제를 내면 부모님이 사물에 단어카드를 붙입니다.
3. 이런 연습이 익숙해지면 100초 스피드 퀴즈를 하며 더 빠르고 정확하게 사물을 묘사하는 훈련도 할 수 있습니다.

4 배꼽 버튼 만들기

복식호흡을 습관화하면 듣기 좋은 목소리, 맑은 목소리를 만들 수 있습니다. 특히 남아들은 자주 큰 소리를 지르므로 성대결절이 오는 경우도 있는데, 복식호흡을 익혀두면 이를 예방할 수 있습니다. 복식호흡 발성은 몸 안에서 공기를 이용해 성대를 울리며 만든 소리를 입 밖으로 나가도록 만드는 것입니다. 이때 공기의 양을 늘림으로써 아이가 목소리 크기를 조절하기 쉽도록 합니다. 그러기 위해서는 폐의 횡격막을 아래로 내림으로써 폐에 담기는 공기의 양이 많아지게 해야 합니다. 실제 배에 공기가 들어가는 것은 아니지만 마치 배에 공기를 넣듯 배가 풍선처럼 부풀어 오른다고 해서 '복식호흡(腹式呼吸, abdominal breathing)'이라고 부릅니다.

하지만 아이에게 이렇게 설명한다면 외계어처럼 들으며 전혀 이해하지 못할 것입니다. 배꼽 버튼 만들기는 복식호흡을 쉽고 재미있게 익힐 수 있는 놀이입니다.

흔히 볼 수 있는 인형 중에 배꼽이나 다리 부분에 붙은 버튼을 누르면 'I love you.'라는 말이 나오거나 동물 울음소리를 내는 장난감을 볼 수 있지요. 아이에게 그런 버튼을 만들어주고 자연스럽게 복식호흡을 배우도록 해봅시다.

이 게임을 반복하다 보면 아이는 기분 좋은 말을 많이 듣게 되고, 자신도 말을 할 때 이 버튼을 눌렀을 때를 떠올리면 목소리가 자신감 있고 안정감을 찾는 경험을 쌓게 됩니다. 그러면 다른 사람들 앞에서 말할 때에도 발성 호흡을 안정적으로 할 수 있습니다.

놀이 방법

1 아이 배꼽 부분에 붙일 수 있을 정도의 크기(지름 약 10cm 정도)의 하트 모양을 종이로 만들어봅니다. 스티커 용지를 활용해도 좋아요.
2 부모님의 배꼽에도 같이 붙일 수 있도록 아이의 것보다는 조금 큰 종이 모양을 만들어주세요.
3 서로의 버튼을 누르면 '사랑해, 고마워' 등 듣고 싶은 말, 하고 싶은 말을 세 번 목소리로 말하는 게임을 해보세요.

5 배 산이 오르락내리락

성인 스피치 수업에서도 자주 쓰는 호흡 훈련법입니다. 누워서 천장을 바라보면 중력에 의해 몸 전체가 아래로 향하기 때문에 복식호흡에 좀 더 집중할 수 있습니다. 앞에서 배꼽 버튼 놀이를 해보았다면 함께 활용해도 좋은 놀이입니다. 배 위에 아무것도 올려두지 않으면 시각적으로 호흡하는 게 잘 보이지 않기 때문에 조금 묵직한 물체를 올려놓고 연습합니다.

잠들기 전 이 방법으로 호흡을 가다듬다 보면 숨쉬기가 안정되면서 마음도 편안해집니다. 종종 밤이 되어도 쉽게 잠들지 못하는 아이들이 있는데요. 그럴 때도 이렇게 호흡을 가다듬으면 숙면에도 더 없이 좋은 신체 상태가 되므로 아이들이 꿀잠을 잘 수 있도록 활용해보시기 바랍니다.

놀이 방법

1 잠들기 전 아이가 땅에 등을 대고 차렷 자세로 편안하게 눕도록 합니다. 시선과 몸 전체는 천장을 향하도록 자리를 잡아줍니다.

2 배꼽 약간 아래 부분에 배꼽 스티커를 붙이고 그 위에 잠자리에서 읽었던 책을 산 모양으로 올려놓습니다. 책이 너무 무겁다면 조금 가벼운 것을 활용해도 좋습니다.

3 아이에게 이제 '책을 올려주세요. 내려주세요'라고 주문하면 아이는 손을 쓰지 않고 오로지 배의 힘으로만 책을 올렸다가 내렸다 하면서 복식호흡을 익힙니다.

4 아이가 어려워하면 배 산을 올릴 때는 코로 숨을 들이쉬고, 내릴 때는 배꼽이 바닥에 닿는다는 느낌으로 입으로 '후~' 하면서 끝까지 숨을 뱉게 해줍니다.

5 '후~' 대신 '아~'로 바꾸면서 내뱉는 숨에 소리가 더해지도록 합니다. 숨을 뱉는 시간을 재면서 호흡량을 늘려가도록 하루에 열 번씩 해봅니다.

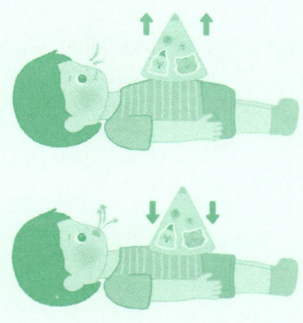

6 가나다라 작은 별 노래

"반짝 반짝 작은 별. 아름답게 비치네."

이 노래는 어릴 때부터 자장가로 불러주던 노래여서 우리 아이들에게도 익숙한 노래입니다. 이 노래의 가사를 '가나다라마바사'로 바꿔 부르면 모음 연습을 할 수 있는데요. 한글을 아직 배우지 않은 아이들은 글자를 배우기 전에 발음을 먼저 배움으로써 한글을 재미있게 연습해볼 수 있습니다.

이렇게 노래를 부르다 보면 모음 발음을 하기 위한 입 모양을 정확하게 만들 수 있고, 각 모음마다 다른 발음의 소리도 인지하게 됩니다. 더 나아가서는 자연스러운 말하기의 기본이 되는 '노래하듯 말하기'의 각 음절 음계를 활용할 수 있습니다.

작은 별 노래에 익숙해졌다면 다른 노래에 한글 자음과 모음을 붙여서 연습해도 좋습니다. 그러면 지루해하지 않고 계속해서 흥미롭게 배울 수 있어요.

놀이 방법

1 처음에는 '가나다라마바사 아자차카타파하'를 세 번 반복하면서 노래를 부릅니다.
2 그다음에는 '고노도로모보소 오조초코토포호', '구누두루무부수 우주추쿠투푸후' 등 모음만 바꿔서 노래를 불러봅니다.
3 아이가 모음을 순서대로 넣어서 부르는 것에 좀 더 익숙해지면 첫 줄은 '가나다라마바사', 그다음 줄은 '구누두루무부수' 등 모음을 자유롭게 바꾸면서 연습합니다.

7 가게기고구 소리 산 만들기(업앤다운 목소리)

아이가 평소에는 자연스럽게 잘 말하다가 '발표'라는 공적인 스피치를 하게 되면 갑자기 경직되며 딱딱해지는 경우가 있습니다. 자칫하면 '1대 다수'의 대화인 발표가 일방적인 읽기가 되기도 합니다. 이럴 때는 음성 전달 방법만 제대로 익혀도 표현력과 전달력을 높일 수 있는데요. 도미솔 정도의 음을 익혀서 노래하듯 말하는 방법을 연습하면 훨씬 자연스러운 말하기가 됩니다.

이 놀이는 내가 꼭 얘기하고 싶은 단어, 청자에게 들려주고 싶은 단어를 강조하는 음성 강조법의 기본 연습이기 때문에 이후에 아이가 발표를 연습할 때 일정한 톤으로 딱딱하게 말한다면 "'솔' 음으로 말해보자."라는 식으로 톤과 어조에 구체적인 변화를 줄 수 있습니다.

놀이 방법

1 손을 이용해서 삼각형의 산을 그리며 '아에이오우'를 '도미솔미도' 음으로 익혀봅니다.
2 이후 '가게기고구'에서 '하헤히호후'까지 모든 자음을 '도미솔미도', '솔파미레도', '미솔파미레' 등 다양한 음으로 말해봅니다.

3 이 놀이가 익숙해지면 이후에는 가족이나 친근한 사물의 이름에 음계를 붙여 '이운정(솔도도-도솔도-도도솔)' 이런 방법을 활용해 다양한 음으로 오르락내리락 하는 것을 배웁니다.

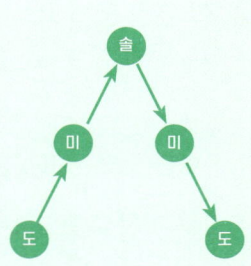

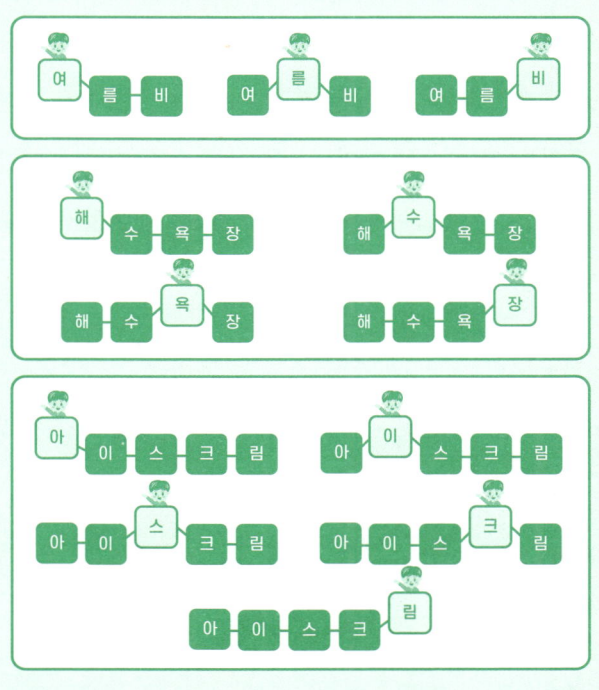

8 다양한 표정 맞추기

말하면서 내용에 맞는 표정을 짓는 것은 전달력과 표현력을 키우는 데 정말 좋은 스피치 스킬입니다. 아이들이 아기였을 때에는 부모님이 한껏 기쁜 표정과 과하게 우는 표정, 슬픈 표정들을 지으며 대화를 나눕니다. 하지만 시간이 지나면서 육아에 익숙해지고 아이가 대화만으로도 소통이 되는 나이대가 되면 표정이 예전 같지 않아지죠. 무표정한 부모를 보고 자라는 아이들은 점점 무표정하게 말하는 습관을 갖게 됩니다. 표정을 만들 때는 안면근육을 모두 쓰기 때문에 어릴 때부터 활발하게 움직이는 연습이 되어야만 자연스럽게 어울리는 표정을 만들어낼 수 있습니다.

놀이 방법

1. 카카오톡이나 인스타그램 DM 등 소셜미디어에서 자주 쓰는 이모티콘을 그려봅니다.
2. 웃음, 행복, 슬픔, 화남, 놀람 등 5~10개 정도의 표정 카드를 만듭니다.

3 부모와 아이가 서로 마주 보며 표정으로 문제를 내며 가장 비슷한 이모티콘 표정 카드를 찾습니다. 부모가 내는 문제를 아이가 맞히는 과정에서는 상대방의 기분을 파악하는 공감 능력을 키우게 되고, 아이가 문제를 내는 과정에서는 표현 능력을 키울 수 있습니다.

4 조금 더 익숙해지면 사건이나 예시를 들어 가장 어울리는 표정을 찾아보는 방식으로 상황 표현력도 익힙니다.

5 표정을 잘 쓸 수 있게 되면 아이와 함께 노래를 부르면서 각 소절마다 다른 표정 카드를 들고 그 표정에 맞는 목소리로 노래를 부릅니다.

예) (행복 표정) **곰 세 마리가 한 집에 있어**
(화난 표정) **아빠 곰은 뚱뚱해** (화난 목소리로)
(슬픈 표정) **엄마 곰은 날씬해** (슬픈 목소리로)
(놀란 표정) **아기 곰은 너무 귀여워** (놀란 목소리로)

9 입 풀기 운동

    정확한 발음을 위해서는 턱, 볼 근육, 혀, 입술 등 '조음기관'들이 원활하게 움직여야 합니다. 하지만 막 자고 일어났을 때는 몸도 찌뿌둥하게 느껴질 정도로 전신이 굳어져서 올바른 입 모양을 만들며 말하는 것이 쉽지 않습니다. 운동하기 전에는 뻣뻣해진 몸을 먼저 풀고 시작하듯이 말하기에서도 조음기관 풀기 운동이라는 일종의 스트레칭을 먼저 해주면 발음이 씹히거나 버벅거리는 행동이 줄고, 정확하게 말할 수 있게 됩니다.

    이 스트레칭은 아침뿐 아니라 발표하기 전이나 긴장했을 때 해보는 것도 좋습니다. 평소에도 습관처럼 수시로 해준다면 일상 대화에서도 또박또박 말하기가 쉬워집니다.

놀이 방법

1 입안에 공기를 가득 넣어서 빵빵하게 부풀립니다.
2 오물오물하며 입 속 공기를 여기저기로 보냅니다.
3 양손의 손바닥을 볼에 갖다 대며 '빵~' 하고 터뜨립니다.
4 그 상태에서 볼을 위아래 옆으로 움직이면서 얼굴 근육을 모두 풀어줍니다.
5 혓바닥을 내밀며 '메롱' 하면서 좌우로 혀를 움직입니다.
6 혀를 입천장에서 튕기면서 '똑딱똑딱' 소리를 내며 혀를 풀어봅니다.
7 '르'라는 한 글자 연속으로 반복하며 혀끝을 풀어냅니다.
8 입술을 붙인 채로 푸르르하며 입술 주변 근육을 풉니다.

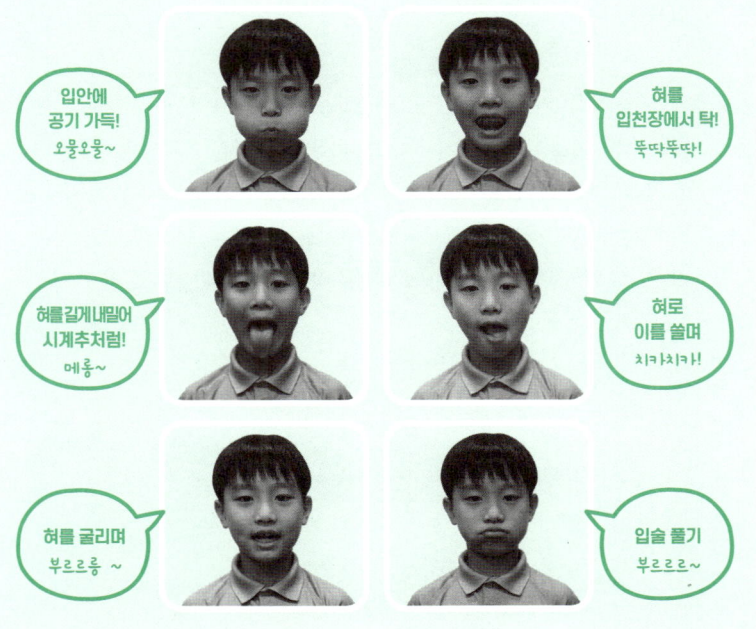

10 제스처로 말하는 동요 맞추기

한글카드 게임을 '노래'로 변경하는 것과 비슷합니다. 제스처는 아이의 표현력을 키워주는 시각적 표현 훈련이지만 학년이 올라갈수록 잘 사용하지 않게 됩니다. 어릴 때부터 손과 몸 제스처를 자유자재로 쓰면서 습관화되게 도와주세요.

놀이 방법

1 평소 아이가 좋아하는 동요를 5~10곡 정도 같이 불러봅니다.
2 허밍으로만 음을 작게 내되 가사에 맞는 동작을 크게 하며 노래의 제목을 맞히고 제스처와 율동을 만들어 전곡을 같이 부르면서 하나의 게임을 완성합니다.
3 반대로 아이가 가사와 노래의 특징 또는 주제를 파악해 몸, 손, 표정으로 부모님이 문제를 맞히도록 하는 과정에서 '상대를 이해시키기 위한 연습'을 할 수 있습니다.

말할 때에는 청각적인 요소(발성, 발음, 강세, 어조 변화, 끊어 말하기), 시각적인 요소(표정, 자세, 제스처, 시선 등)가 내용과 일치해야 전달력과 표현력이 높아집니다. 초등학교에 입학한 뒤에 이미 소심하게 발표하는 상태에서 학원이나 개별 훈련으로 발표 방법을 바꾸면 아이는 스트레스를 받고, 대화와 소통의 즐거움을 '학습'으로 느낄 수 있습니다. 시간이 오래 걸리지 않는 스피치 기본 놀이들을 평소에 꾸준히 연습하면서 이 놀이들로 어떤 능력을 키워줄 수 있는지 염두에 두다 보면 나중에는 스피치가 자연스러워집니다.

학원에서 많은 학생을 가르치면서 초등 입학 이전부터 앞의 놀이들을 수업 시간에 적절히 활용하고, 집에서도 부모님과 연습하도록 알려주었는데요. 이렇게 자란 아이들은 고학년이 되어 임원선거나 면접을 준비하기 위해 찾아왔을 때에도 기본 발성이나 제스처 습관이 그대로 남아 있는 것을 보고 깜짝 놀랐습니다. 사람은 누구나 반복하며 습관을 만들고 이를 통해 자신감을 얻게 된다는 사실을 잊지 마세요. 조금 피곤해도, 육아에 지치더라도 일주일에 한두 번씩 아이와 함께 말하기 놀이를 하면서 스피치 능력을 키워주세요.

5~7세 유아 말하기 ②
- 계절별 스피치 놀이

아이가 가장 쉽게 느끼는 시간의 변화는 바로 계절입니다. 누리과정에서는 춥고 덥고, 꽃이 피고 지고, 비와 눈이 오는 날씨에 따라 환경이 어떻게 달라지는지 24절기를 중심으로 배웁니다. 이런 계절 변화를 배우면서 농업과 사람들의 일상생활에 대해 더 많은 이야기를 나눌 수 있고, 자연을 탐색하는 시간을 가지면서 관찰력과 탐구 능력이 자라납니다.

1 현장 리포터 방송놀이

계절이 바뀌면 주말과 연휴를 맞아 여행을 많이 다니게 됩니다. 봄에는 벚꽃과 개나리꽃이 활짝 핀 공원으로 나들이를, 여름에는 바다나

계곡으로 물놀이를 떠납니다. 가을에는 울긋불긋 단풍이 지는 산에서 가볍게 등산을 하거나 캠핑을 가기도 하죠. 겨울에는 눈썰매장과 스키장으로 떠나고, 눈이 펑펑 내릴 때는 밖으로 뛰쳐나가 눈사람을 만들고 눈싸움도 합니다.

이럴 때도 아이의 말하기 스킬을 높이는 기회를 만들 수 있습니다. 아래 원고를 참고해서 아이들과 함께 현장을 전하는 리포터처럼 방송놀이를 하는 것입니다.

리포터 방송놀이 예시

부모: 우와, 봄을 맞아 ○○ 가족은 벚꽃 길을 보러 일요일 아침 집을 출발했는데요. 현장에 나가 있는 ○○○ 리포터 연결합니다. 나와주세요!

아이: 네, 저는 지금 벚꽃나무 앞에 있습니다.

부모: 벚꽃이 어느 정도 피었나요?

아이: 아주 많이많이 폈습니다.

부모: 저는 지금 화면에 가려서 잘 안 보이는데요. 꽃이 어떻게 예쁜지 자세히 설명해주세요!

아이: 벚꽃은 분홍색이고, 작은 크기로 여러 개가 모여 있습니다(아이들만의 다양한 표현을 하도록 구체적인 내용을 질문해주세요).

부모: 꽃을 보고 있는 ○○○ 리포터의 기분은 어떤가요?

아이: 정말 좋습니다.

부모: 왜 그렇게 느끼나요?

> **아이:** 엄마, 아빠와 오랜만에 나와서 기분이 좋고, 꽃들이 예뻐서 좋습니다.
> **부모:** 네 수고하셨습니다! 다음 연결 때까지 안녕히 계세요. 감사합니다.

이렇게 아이와 주고받으며 방송 놀이를 하다 보면 다음과 같은 장점이 있습니다.

- 계절과 사물을 묘사하면서 아이의 어휘력과 표현력이 길러집니다.
- 방송이라는 환경에서 정제된 언어를 쓰는 연습을 함으로써 바른 문장을 구사하게 됩니다.
- 엄마, 아빠와의 관계를 벗어나 공적인 관계와의 가상 대화이기 때문에 다른 사람들 앞에서 부끄러움을 느끼는 아이들의 자신감 훈련에도 도움이 됩니다.

이런 놀이는 언어 능력이 폭발적으로 높아지는 4세부터 가능합니다. 이때 아이의 문장이 짧거나 이상한 표현을 쓰더라도 곧바로 고쳐주기보다는 다른 표현을 권유하거나 색다른 표현이라고 칭찬하면서 자신감을 불어넣어주는 게 중요합니다.

부모는 외부 활동이나 여행을 할 때 '그곳에서 아이에게 어떤 것을 경험하고 기억하게 해주고 싶다.'라는 목표로 움직이다 보니 이동하는 동안에는 잠을 자거나 대화를 줄이는 경우가 많습니다. 하지만 아이들은 부모가 원하는 그 순간의 목적보다 즐거움을 향해 가는 과정을 더 좋아하고 잘 기억합니다.

아이들과 수업 중 가장 기억에 남는 여행을 주제로 발표를 준비할 때에도 '언제, 어디로' 가서 '무엇'을 했는지보다 '어떻게 갔는지' 또는 같이 갔던 친척이나 친구 등 같이 갔던 사람들에 대한 이야기를 더 많이 합니다. 혹시 아이와 비싼 돈을 들여 여행을 갔는데 그 지역에 대한 정보를 기억하지 못한다고 해서 너무 나무라지 마세요. 그런 정보는 훗날 학교에서 수학여행, 현장 학습 체험으로도 배우게 됩니다.

이처럼 부모님과의 여행에서는 무엇을 하는 것보다 함께 보낸 따뜻한 시간을 기억하게 해주는 것이 더욱 중요한데요. 이것들을 재미있게 남기는 방법이 바로 현장 리포터 방송놀이입니다. 자동차든, 버스든, 기차든, 비행기든 차창 밖으로 보이는 풍경을 설명하고 여행을 가는 동안의 즐거움과 설렘, 즉 시각적으로 표현하기 어려운 감정을 현장 리포팅으로 자연스럽게 말하다 보면 아이 스스로 감정을 잘 알게 되고 여행의 행복은 두 배가 되기 때문입니다.

2 내가 좋아하는 계절은?

24절기를 배우며 계절마다의 풍경뿐 아니라 계절별 꼭 해야 할 일, 명절, 사회 변화 등도 알아가게 됩니다. 그런 내용을 집에서도 "수연이가 제일 좋아하는 계절은 뭐야? 왜 그 계절이 제일 좋아? 이 계절에는 뭘 가장 하고 싶어?" 등으로 확장한다면 부모가 미처 몰랐던 아이의 기호와 생각, 취향을 알 수 있습니다.

아이가 좋아하는 것과 싫어하는 것을 자신감 있게 말하는 것도 자존감을 키우는 매우 좋은 방법인데요. 이를 통해 자신만의 취향을 만들고 다른 사람에게 흔들리지 않는 생각과 신념을 만들 수 있습니다. 아이와 어떻게 대화를 나눠야 할지 모르겠다면, 교육기관에서 보내주는 주간계획표, 월간계획표를 보며 아이가 배운 내용을 구체적으로 활용해보세요. 이를 통해 부모님의 기대 이상으로 아이의 마음과 생각을 읽을 수 있습니다.

좋아하는 계절 말하기 예시

부모: 수연이가 오늘은 가을에 대해서 배웠네?

수연: 어, 엄마. 가을에는 과일이 열매를 맺고 나뭇잎이 빨갛고 노랗게 변한대요.

부모: 나뭇잎이 변한다고? 왜 그렇지?

수연: 날씨가 추워지면서 색깔이 변한다고 하는데 나도 가을에 옷을 바꿔 입는 것처럼 나뭇잎도 옷을 바꾸나 봐요.

부모: 그럼 수연이가 제일 좋아하는 계절은 봄, 여름, 가을, 겨울 중에 언제야?

수연: 저는 여름이 제일 좋아요.

부모: 왜 여름이 좋아?

> **수연:** 여름에는 내가 좋아하는 수영도 할 수 있고, 옷도 얇게 입을 수 있어서요.
> **부모:** 그랬구나. 옷 입는 게 가벼워서 좋았구나. 엄마는 어떤 계절을 좋아하는 것 같아?
> **수연:** 엄마도 나처럼 여름 좋아해?
> **부모:** 엄마는 여름보다 가을이 좋아. 여름에는 너무 더워서 땀을 많이 흘리거든. 가을에는 아까 말한 단풍잎이 예쁘게 변한 풍경을 보는 게 좋아.
> **수연:** 어, 나도 여름에 땀 흘리는 건 싫은데…. 그래도 시원하게 물놀이하면 되잖아.
> **부모:** 수연이가 물놀이를 엄청 좋아하는구나. 지금 겨울이니까 빨리 여름이 왔으면 좋겠다. 여름이 오면 수연이는 뭘 제일 하고 싶어? …

실제로 계절에 대해 배우면서 아이들과 교실에서 나눈 대화를 각색한 내용입니다. 대화를 하다 보면 아이들이 계절과 관련한 단어, 예를 들어 황사, 초복, 성묘, 동지, 경칩, 겨울잠, 설날, 추석 등 계절과 관련된 개념을 많이 알고 있어서 놀랄 때가 있죠. 무엇보다 이런 대화를 나눌 때는 평범한 생각을 강요하거나 취조하듯 사실 확인에만 집중하면 즐거운 대화가 될 수 없습니다. 아이의 생각과 느낌을 꺼내어 펼쳐 준다는 마음으로 말을 이어나가길 바랍니다.

5~7세 유아 말하기③
- 생활 습관 스피치 놀이

　지금부터는 앞서 살펴본 스피치 기초 놀이와 기본적인 리포팅 놀이를 기본으로 주변 물건을 탐색하면서 더 똑똑한 아이로 자랄 수 있는 생활 습관을 만드는 스피치 훈련을 소개합니다.

　저희 아이들은 집에서 이런 습관을 자연스럽게 익혀서 또래 남자아이들에 비해 정리 정돈을 잘하는 편입니다. 다른 친구네 집에 놀러가거나 여행, 캠프를 갈 때 칭찬도 많이 듣죠. 이 놀이들을 반복하다 보면 수업 전후 주변 정리 정돈, 인사 습관 등이 만들어져 '우리 아이가 달라졌어요'라는 말이 절로 나오게 됩니다.

1 우리 집 소개하기

요즘 MBC에서 방영하고 있는 〈구해줘 홈즈〉라는 프로그램이 한동안 아이들 사이에서도 인기를 끌었습니다. 내 집 마련을 꿈꾸는 사람이라면 전국, 더 나아가 전 세계의 집을 속속들이 구경할 수 있는 기회라 큰 호응을 얻었는데요. 의외로 아이들 중에도 이 프로그램을 애청하는 경우가 많았습니다. 익숙한 우리 집, 자주 가는 친구네 집은 같은 동네에 비슷비슷한 단지에 있어 아이들 눈에 다른 지역의 새로운 형태의 집들이 신기해 보였기 때문이었습니다.

이 프로그램에서는 집을 무척 자세히 소개해줍니다. 집의 전체 구조를 그림으로 설명하고, 방과 거실, 부엌, 현관, 마당이나 발코니 등을 돌아다니면서 특징과 장단점을 소개하기도 합니다.

지금 설명하는 놀이는 마치 이 프로그램 속 패널이 된 것처럼 아이들에게 '우리 집'을 안내하도록 하는 것입니다. 계절이 바뀔 때 가구나 방을 바꾸는 등 큼직한 이벤트가 있다면 다 정리된 이후에 '달라진 우리 집'을 소개하도록 하거나 친척이나 친구들이 방문했을 때 가이드하는 상황을 만들어주어도 좋습니다.

놀이 방법

1. 네모 그리기와 선 긋기가 가능한 아이라면 직접 집의 평면 구조도를 그리게 하고, 그림 그리기가 익숙하지 않은 아이라면 평면도를 그려준 뒤 각 방의 이름과 특징적인 물건들(냉장고, 옷장, 식탁, TV, 세탁기 등)을 표시하도록 합니다.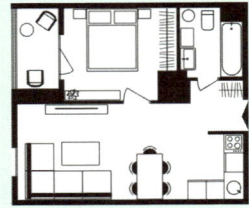

2. 위 그림을 들고 각 방을 돌며 설명하도록 합니다. 평면 구조도를 바탕으로 전체에서 세부 내용으로 들어가는 방식으로 설명하면 숲을 바라보는 능력을 키울 수 있습니다.

3. 초대 손님이 있다면 함께 다니면서 각각의 위치와 그 장소의 장단점, 누가 주로 사용하는지 등을 이야기하며 상대방이 우리 집에 대해 잘 알 수 있도록 합니다. 그러면 아이는 우리 집을 모르는 상대방을 배려하기 때문에 공감 대화의 첫 번째 단계도 자연스럽게 익히게 됩니다. 단, 프라이버시를 위해 지켜야 하는 사적인 공간이 있다면 건너뛰도록 미리 주의를 주는 것 또한 잊지 말아야 합니다.

예) 저희 집을 소개하겠습니다. 들어오자마자 보이는 곳은 거실이에요. 창밖으로는 형의 학교가 바로 보여서 하교하는 모습을 볼 수 있습니다. 거실 벽에는 TV가 있는데, 아빠가 주로 소파에 앉아서 보십니다. 거실을 지나 왼쪽으로 가면 형 방이 있는데요. (문을 열고) 형 방은 맨날 이렇게 지저분해요. 여기에는 책이, 여기에는 장난감이, 그리고 형 몰래 제가 간식을 숨겨놓은 곳은 (서랍을 가리키며) 여기예요. 형 방을 나오면 부엌이 보이는데요. 엄마가 여기서 요리를 해주십니다. 냉장고 옆에는 세탁기가 있는 창고가 있어요. 이 바구니에 가족들이 빨래를 벗어두면 아빠가 빨래를 합니다. 마지막으로 여기는 화장실인데요. 화장실은 좀 추워서 항상 문을 닫고 있어요. 엄마, 아빠 방은 우리 집에서 제일 큰 방이에요. (살짝만 보여주고) 그럼 저는 유이랑 형 방에서 게임하고 있을게요. 거실에서 기다려주세요.

실제로 6살 조카 집에 놀러갔을 때 아이가 이렇게 설명하는 것을 보고 어른들 모두 흐뭇한 미소를 지었답니다. 저희 집 아이들도 저희 집을 소개할 때 제 서재를 보며 "여기는 엄마가 공부하고 수업하는 곳인데 저희는 여기서 숙제 검사를 받거든요. 그래서 형하고 저는 여기를 혼나는 방이라고 말해요."라고 표현하는 걸 보고 깜짝 놀랐습니다. 이런 놀이는 아이들이 공간을 어떻게 생각하는지 볼 수도 있고, 아이들이 집에 대한 애착을 갖게 해줍니다. 집 전체와 세부적인 위치를 익히면서 정리 정돈 습관을 기르는 데도 도움이 됩니다.

2 계절별 옷 정리하기

계절이 변할 때마다 아이들 옷 정리가 만만치 않죠? 형제자매가 많다면 옷의 양이 어마어마해서 옷 정리가 더욱 쉽지 않습니다. 아이가 대략 5~7세가 되면 유아 교육기관에서도 자신의 사물함 위치를 알게 되고, 물건과 외투 등을 스스로 정리하기 때문에 집에서도 정리 정돈 습관을 들여주는 것이 좋습니다.

진행 방법

1 아이가 지난 계절에 입었던 옷과 이번 계절에 입게 될 옷을 구분해서 바닥에 놓

습니다. 그런 뒤 아이에게 더 이상 입지 않는 옷은 이쪽에, 계속 입고 싶은 옷들은 저쪽에 구분해서 놓도록 합니다. 이로써 아이들의 옷 취향을 파악하고, 마음에 들어하지 않는 옷도 한 번에 정리할 수 있습니다.

2 이 과정에서 "이 옷은 왜 좋아!?", "언제 입고 싶어?", "어떤 옷이랑 어울릴까?" 등을 질문하면서 아이만의 옷 고르는 기준이나 기호를 알아보세요.

3 옷장의 크기와 넓이가 넉넉하다면 봄·여름 옷, 가을·겨울 옷 등으로 바구니나 서랍을 구분해준 뒤 이름표를 붙여서 아이 스스로 정리할 수 있게 합니다.

4 이때 바구니와 서랍의 위치는 아이가 정하게 해주세요. "겉옷은 어디에 두는 게 편할까? 속옷은 어느 위치가 가장 좋을 것 같아!?" 등을 물어보면서 아이가 동선과 자신만의 기준에 따라 옷을 배치할 수 있게 합니다.

이렇게 옷을 정리하다 보면 삐뚤빼뚤 구겨 넣기도 하겠지만, 자신이 위치를 스스로 정했기 때문에 옷 찾는 시간도 줄일 수 있고, 시행착오를 거치며 가장 효율적인 정리 방법도 터득하게 됩니다. 즉, '구분과 정리'의 조직화 기능을 활성화하는 것이죠. 이런 습관이 자리를 잡으면 옷을 고르고 여행 짐을 챙길 때도 알아서 하는 아이로 클 가능성이 높습니다.

더불어 자신이 정리했다는 뿌듯함 덕분에 옷에 애착이 생기면서 옷을 아무렇게나 벗어두지 않고 옷 때문에 실랑이하는 시간도 줄일 수 있습니다. 학원 교실에서도 수업을 시작하기 전에 여름에는 우비나 우산, 가을과 겨울에는 외투를 먼저 정리하고 시작하려고 합니다. 그러면 수업이 끝나고 총알처럼 튀어나가던 아이도 '아차!' 하면서 옷을 챙기러 오고 자신의 물건을 소중하게 다루는 아이로 자라게 됩니다.

3 옷 개는 법 배우기

옷을 정리할 때는 부모님이 그전에 빨래하고 말리고 개서 넣는 과정까지 있다는 것을 아이에게 알려주어야 합니다. 이런 일련의 과정을 아이와 함께하면 아이의 정리 정돈 습관에 도움이 됩니다. 이때 "빨래 개! 네 것은 네가 해!"라는 명령투보다는 부탁하듯 말하는 것이 좋습니다. "빨래 개는 걸 OO가 도와줄래? 엄마는 어떻게 예쁘게 접을지 모르겠어."라는 태도로 부탁하면 아이는 자신이 해낼 수 있다는 자신감을 갖게 됩니다. 빨래를 갤 때는 다음과 같은 과정으로 하는 것이 좋습니다.

진행 방법

1 마른 옷을 먼저 상의, 하의, 양말, 속옷별로 구분합니다.
2 "어떻게 접으면 구김 없이 정리할 수 있을까?", "어떻게 구분하면 옷을 정리하기 쉬워질까?", "어디에 두면 다음에 입을 때 잘 찾을 수 있을까?", "안 입는 옷, 더 필요한 옷은 없을까?" 등을 질문하면서 옷 정리를 함께합니다.
3 처음에는 양말, 속옷처럼 쉬운 옷을 개도록 하다가 익숙해지면 셔츠, 바지처럼

> 조금 더 큰 옷을 개달라고 부탁합니다.
> **4** 옷을 모두 갠 다음에는 아이가 직접 서랍이나 바구니에 넣도록 합니다.

빨래를 개고 정리하면서 이런 질문을 하다 보면 '엄마 아빠가 입혀준'이 아니라 내가 정리해서 내가 골라 입는 '선택'을 경험하게 되겠죠. 이렇게 '구분, 분류, 정리 정돈'의 뇌 기능을 활용한다면 말할 때에도 중구난방으로 중언부언하지 않고 개요를 짜서 말하는 구조와 틀을 쉽게 익힐 수 있습니다.

4 방 정리로 배우는 스피치 기술

자신의 방 또는 놀이방이 있는 아이라면 그 공간에 대한 정리 정돈을 생활화하도록 합니다. 불규칙한 생활 습관은 아이에게 혼란을 불러일으키고 예정되지 않은 상황이 발생했을 때 반발심이 생길 수 있으므로 일주일에 한 번, 또는 1개월에 한 번씩 '정리의 날'을 정해 규칙적으로 정리하는 습관을 들여주는 것이 좋습니다. 방 정리를 단순히 물건을 옮기고 청소하는 과정으로 생각하기보다는 뇌 기능을 훈련하고 그 기능들이 훗날 말하기에도 적용된다고 생각한다면 옷 정리 또는 방 정리와 같은 일상도 소중한 육아 스피치 교재라는 사실을 깨닫게 될 것입니다.

진행 방법

1. 방 정리 목적에 대해 이야기를 나눕니다. 깨끗한 방과 지저분한 방을 썼을 때의 차이를 이야기하다 보면 아이만의 정리 '기준'이 생깁니다. 예를 들어, 목적이 '원하는 물건과 장난감을 금세 찾는다'라면 기억하기 쉬운 자리를 정하게 되고, '좋아하는 물건을 가까이 두고 싶다'라면 좋아하는 물건과 그 외의 물건을 나눠서 보관하게 됩니다. '더 넓게 공간을 쓰고 싶다'라면 놀이 공간을 넓히도록 정리할 수 있죠.

2. 정리해야 할 물건의 범주에 따라 자리를 정해줍니다. 장난감 중에서도 인형·자동차·보드게임·블록 등 비슷한 것끼리 묶고 정리함과 서랍에 이름표를 붙입니다. 아직 한글을 잘 못 읽는다면 정리된 모습을 사진으로 찍거나 그림을 그려서 쉽게 알아보게 해줍니다.

3. 정리가 모두 끝나면 아이에게 "엄마(아빠)가 다음에 ○○가 없을 때 정리 정돈을 도와주도록 설명해주세요."라고 말합니다. 그러면 아이는 마치 프레젠테이션하듯 위치를 가리키며 설명합니다. 이때 순서와 분류에 대한 개념을 얼마나 아는지 체크하면서 부족한 부분을 수정해주면 좋습니다. 이로써 아이는 말할 때의 순서와 조직화 기능을 키우게 됩니다.

4. 주 1~3회 클리닝 타임을 정해서 물건을 제자리에 정리하도록 해주세요. 매일 루틴으로 '하원 후 가방 제자리에 놓기 – 옷 정리하기 – 손 씻기' 등 꼭 해야 하는 몇 가지 일을 포스트잇이나 그림으로 아이 방에 붙여놓고 매일 체크하게 한다면 생활뿐 아니라 공부, 말하기에서도 정리 습관을 들일 수 있습니다.

말할 때는 사적인 대화, 수다에서도 구조화와 조직화가 필요합니다. 흔히 말하는 개요표인데요. 내가 어떤 순서로 말하느냐에 따라 듣는 사람이 이해를 잘하는지 아닌지가 나뉩니다. 같은 이야기라도 재미있고 쉽게 설명하는 사람은 말에서의 구조화와 조직화가 잘 되어 있는 사람입니다. 아이의 말을 들으면서 무엇을 얘기하고 싶은지 모르겠다는 생각이 든다면 집의 공간 구조, 옷장, 책상 정리 순서 등에 대해 설명하는 연습을 먼저 해보세요. 단순한 발화가 아니라 조리 있게 말하기를 위한 두뇌 훈련, 공부를 위한 연습이 될 것입니다.

5 장보기로 배우는 우선순위 개념

마트나 시장에 장을 보러 갈 때 아이들은 어떤 역할을 하나요? 어떤 친구는 엄마를 졸졸 따라다니기만 하고 어떤 친구는 자신이 관심 있어 하는 장난감 코너 앞에 서서 떼쓰고 울기도 하죠. 장 보러 갈 때 저는 항상 아이들과 하던 것이 있습니다. 바로 사야 할 물건 찾기, 내가 필요한 것은 딱 세 개만 사기! 이렇게 부모와 장을 보는 동안 온 세상 물건이 모여 있는 마트와 시장을 탐색할 기회를 주는 것이 또 하나의 스피치 홈스쿨링입니다.

진행 방법

1 장을 보러 가기 전에 부모님이 살 것, 아이에게 필요한 것을 목록에 적습니다.
2 자주 가는 곳이라 아이가 물품대의 위치를 알고 있다면 어떤 순서로 움직여야

효율적인지 동선을 미리 공유합니다. 예를 들어, 공산품 → 신선식품 → 냉동식품처럼 순서를 정합니다.

3 만약 아이들이 사고 싶어하는 물건이 있다면 두세 개로 한도를 정하고 꼭 필요한 것을 사도록 제안합니다.

4 집으로 돌아와서도 장 본 물건을 아이들과 함께 정리해보세요. 냉동실, 냉장실, 화장실, 거실 등 필요한 곳에 물건을 갖다 놓는 것만으로도 정리 정돈 능력을 높이는 데 도움이 됩니다.

5 정리를 마친 뒤에는 아이들과 장 보는 순서, 느낌 점에 대해 이야기를 나누세요. 모든 것을 다 기억할 수는 없지만 장보기를 통해 많은 정보를 수집하고 배열하면서 우선순위를 배울 수 있습니다.

6 마트나 시장에 가는 걸 귀찮아하거나 같이 가기 어렵다면, 마트 전단지를 챙겨서 아이가 꼭 사고 싶은 것을 오려서 장바구니처럼 A4 용지에 붙이고 그 물건들을 선택한 이유를 말하게 하는 것만으로도 같은 개념을 배울 수 있습니다.

모든 순서가 끝나면 아이에게 칭찬해주는 걸 꼭 잊지 마세요. 칭찬할 때에는 결과가 아니라 과정 중심으로 이야기해줘야 합니다. 예를 들어, 옆에서 빠진 물건이 없는지 체크해줘서 고마웠다, 무거운 짐을 같이 들어줘서 고마웠다, 떼쓰지 않고 사야 할 물건만 골라줘서 고마웠다 등의 칭찬은 아이가 자신의 판단에 확신을 갖는 데 큰 역할을 하게 될 것입니다.

6 인사는 무서워?!

엘리베이터에서 자주 만나는 이웃을 보면 반갑게 인사를 하죠. 이때 아이가 인사를 안 하면 부모님은 쑥스러운 마음에 "애가 부끄러움을 많이 타요….", "어서 인사해야지." 하며 억지로 인사시키는 경우가 있습니다. 하지만 이런 말과 행동은 인사에 대한 두려움과 다른 사람을 대할 때 불안한 마음을 키울 뿐입니다.

"얘는 인사를 잘 못해요. 부끄러움이 많아서…."
  → '아, 나는 부끄러움이 많구나. 그래서 인사를 못하는구나.'
"(고개 숙이게 하며) 빨리 인사해."
  → '난 아직 인사할 준비가 안 됐는데? 인사를 꼭 해야 하나?'
  → '인사하면 저분이 또 무언가 물어보겠지? 난 대답할 자신이 없는데….'

수업 상담을 하면서 인사를 잘 못하는 아이들과 속마음 대화를 나눌 때 실제로 이런 이야기가 오갔습니다. 이웃에게 건네는 인사가 간단하게 예의를 표현하는 방법이라는 것은 아무리 어린아이라도 어린이집과 유치원에서 배워서 잘 알고 있습니다. 하지만 친구나 부모와 하는 대화에만 익숙해진 아이들에게 '엘리베이터 인사'는 마치 성인에게 '무대공포증'과 같은 느낌입니다. 그래서 작은 말 한마디부터 시작하고 계속 연습하면서 익숙해지는 것이 좋습니다.

진행 방법

1. 인사를 안 한 날 저녁에 아이에게 속마음을 물어보세요. 아이가 대답을 어려워한다면, 위에서 언급했던 다른 친구들의 예시를 들려줍니다.
2. 인사를 못 받은 어른들의 생각을 얘기해줍니다. 인사는 상대방을 만나서 반갑다는 표현이기 때문에 인사를 하지 않으면 어른들은 조금 서운할 수도 있다는 식으로 상대방의 기분에 초점을 맞추면 좋습니다. 이때 원 밖에서 만난 친구가 인사를 하지 않으면 기분이 어떤지 함께 나누면 아이가 좀 더 쉽게 공감할 수 있습니다.
3. 아이의 속마음을 들여다보면 인사를 하고 싶다는 걸 알 거예요. 이럴 땐 고개 먼저 숙여보기, '안'이라는 말만 하기, 손만 흔들기 등 아이가 도전할 만한 작은 일부터 권유해보세요. 그러다 보면 아이가 이웃이나 어른을 만났을 때 '여기까지만 해도 돼. 해봤잖아. 잘할 수 있어.'라는 마음으로 도전하게 될 것입니다. 조금이라도 발전했다면 집에 와서 '폭풍 칭찬'을 해주세요.

인사 습관은 예절이자 인성 발달의 기본입니다. 아이에게 가장 좋은 교육은 부모님이 먼저 이웃들을 만날 때마다 환하게 웃으며 인사하는 모습을 보여주는 것입니다. 고층 아파트에 살 때 초등 1~2학년 정도인 듯한 남매를 엘리베이터에서 자주 마주쳤습니다. 이 아이들은 만날 때마다 "안녕하세요. 안녕히 가세요."라고 인사했어요. 저는 21층에 살고 아이들은 10층에 살았는데, 엘리베이터에 타고 내릴 때 인사하는 모습이 너무 예쁘고 사랑스러워서 이웃들 사이에서도 소문이 자자했습니다. 후에 부모님을 만나 보니 그분들 역시 밝은 모습과 인상으로 이웃과 친절하게 소통하고 있었습니다. 올바른 부모를 보고 자란 아이들은 인사성도 밝다는 것을 새삼 깨닫게 되었습니다.

저희 부부 역시 승환이와 지환이에게 그런 모습을 보여주며 인사 잘하는 아이로 키우려고 노력했는데요. 그렇게 이웃 간에 인사를 나누는 분위기가 되다 보니 층간소음과 같은 문제도 서로 이해하며 원만하게 해결하는 이웃들이 되었습니다. 아이가 인사를 잘 안 한다면 아이에게만 강요하기에 앞서 내 모습을 먼저 돌아봅시다. 다른 사람에게 인사하는 게 어색하다면, 아이와 함께 "엄마도, 아빠도 낯선 사람과 대화하는 게 조금 힘들 때가 있어. 우리 같이 인사에 도전해보자."라며 노력해보기 바랍니다. 예상치 못한 뿌듯함과 행복을 느낄 수 있을 것입니다.

5~7세 유아 말하기④
- 창의력 키우는 스토리텔링 스피치

스토리텔링을 한국어로 풀면, '이야기를 말하다'라는 뜻입니다. 글자 그대로만 읽으면 어려워 보이지 않지만, 제대로 이야기를 할 때는 기승전결과 육하원칙 등 논리가 있어야 하고, 공감 능력을 바탕으로 한 설득력도 포함되어야 합니다. 여기에 잘 전달하기 위한 표현력까지 갖춰야 하는 스피치 종합 세트죠.

아이들의 스토리텔링은 단순하게는 읽은 책을 요약해서 말하거나 겪은 일을 시간 또는 공간 순서로 이야기하는 것 등입니다. 하지만 여기에서 더 나아가 그 과정에서 느끼고 배운 것을 같이 이야기한다면 부모는 아이의 진짜 생각과 마음을 읽게 되고, 아이의 성향을 파악하는 데에도 도움이 됩니다. 아이는 자신의 사소한 경험마저도 그럴싸한 발표처럼 말하다 보니 경험을 소중히 여기게 되고 부모님에게 솔직한 생각과 느낌을 이야기하면서 자존감이 올라가죠.

1 마음일기 달력

탁상 달력 또는 벽걸이 달력에 매일의 감정을 표시해봅니다. 일주일, 한 달 뒤에 달력을 보면서 슬픈 날이 많았다면 다음에는 기쁜 일, 행복한 일을 더 많이 만들기 위해 노력하게 되는데요. 문구점에서 파는 표정 스티커를 활용해도 좋고, 조금 큰 달력이라면 아이가 직접 그려보는 것도 좋습니다. 얼굴을 그리는 게 어렵다면 노란색은 기분 좋음, 빨간색은 화남, 파란색은 신남, 회색은 우울함. 이렇게 다섯 가지 색 또는 무지개색에 감정을 붙여서 표현해보면 좋겠죠?

진행 방법

1 마음일기 달력을 준비합니다.
2 잠들기 전 오늘을 하나의 감정 또는 표정으로 표시하게 해주세요.
3 이때 "기분 좋았구나.", "힘들었구나." 등 가볍게 공감하며 물어봐주세요. 부모가 몰랐던 아이들끼리의 사소한 사건, 순간의 감정들을 발견하게 됩니다.
4 부정적인 이야기가 나오더라도 다그치거나 나무라기보다 '같이 해결'할 방법을 찾아주세요. 그리고 내일 또는 다음 주에 대한 다짐을 해봅니다.

아들이 7살이었을 때 일입니다. 울먹거리며 집에 들어오더니 밥을 먹고 씻을 때까지 시무룩한 표정을 지었습니다. 무슨 일이 있었냐고 물어봐도 고개만 절레절레 흔들며 아무 일도 없었다고 말하는데, 저는 답답한 마음을 누르고 "언제든 얘기할 준비가 되면 말해줘. 엄만 기다릴게. 엄마한테 얘기하기 싫으면 저기 달력에 네 마음을 표시해줘. 그럼 엄마가 그걸로 들을게."라고 아이를 달랬습니다.

밥을 다 먹고 난 아이가 조용히 달력 앞에 가서 회색과 빨간색으로 표시를 합니다. 기분이 안 좋고 화도 난다는 것이죠. "아, 승환이가 지금 기분이 안 좋은데 화도 나는구나. 이렇게 된 일이 있을 것 같은데 엄마는 무지무지 궁금하네."라고 했더니 고개를 숙인 채 중얼중얼 얘기를 하더라고요.

자세히 들어보니 '친구들과 놀다가 간식을 사 먹으러 가기로 했는데, 나는 돈도 없고 동생도 옆에 있어서 같이 못 가고 집에 왔다.'는 것이 원인이었습니다. 먼저 저는 아이의 속상했던 마음에 공감해주었습니다.

"지금은 시간이 지났으니 친구들과 같이 간식을 먹는 것은 이미 지났고, 다음에는 엄마나 아빠에게 도움을 요청하면 도와줄 수 있을 것 같다. 그런데 지금 지금 승환이의 기분이 좀처럼 나아지지 않을 것 같은데 어떻게 하면 좋을까? 엄마는 이럴 때 뜨거운 물로 샤워를 하고 나면 좀 기분이 좋아지는데, 승환이는 어떻게 하면 좋을까?"

"나는 그림을 그리면 마음이 좀 나아질 것 같아요."

"그래, 그럼 그림을 그리면서 속상했던 마음들을 풀어보자."

친구와 다퉈서, 엄마에게 잔소리를 들어서, 선생님께 혼나서 등의 다양한 이유로 아이들이 교실에 들어오면 같은 방식으로 대화를 이어갑니다. 학원에는 매일 함께 표시할 수 있는 달력은 없지만, 지금의 마음을 표정이나 색깔로 표현하는 일기를 쓰게 하고 그 마음을 표정그림이나 색깔에 빗대어 말로 내뱉게 하는 것만으로도 아이들의 마음은 풀어지죠. 그렇게 하루하루 우리 아이들의 감정을 보듬고 정리하고 말해보는 연습을 통해 자신의 감정을 정리하도록 해보세요. 아이가 감정의 폭풍이 부는 사춘기에 시험 성적 때문에 우울해하더라도 이때의 연습은 도움이 될 것입니다.

2 하루 대화일기

제가 교육 사업을 시작한 때는 승환이가 5살, 지환이가 3살 무렵이었습니다. 이때 하루 일과 중에 아이들을 마주하며 대화하는 시간은 등원 전 한 시간, 퇴근 후 잠들기 전 한 시간 정도였습니다. 어린아이들과 함께하는 직업이다 보니 교실에서 학생들을 볼 때마다 우리 아이들의 하루가 궁금해졌습니다.

아이들은 잠자리에 들기 전 책을 읽어주고 불을 끈다고 바로 잠들지 않죠. 그러면 그때부터 대화일기가 시작됩니다.

"오늘 제일 좋았던 일이 뭐야? 오늘 제일 속상하거나 기분 나빴던 일이 뭐야?"

물론 아이가 처음부터 육하원칙을 다 채우며 이야기하지는 못합니다. "그냥, 전부 다, 없어." 이런 식의 단답형이 대부분이죠. 이럴 때 엄마는 바로 방송 MC가 되어야 합니다. 방송 진행자는 게스트가 원하는 말을 편안하게 풀도록 이끌어주는 사람인데요. 상대방이 예, 아니오로 대답하는 폐쇄형 질문을 던지는 게 아니라 '누가? 언제? 어디에서? 어떻게? 무엇을? 왜?'라는 육하원칙에 맞게 대답하도록 개방형 질문으로 대화를 이끌어야 합니다.

대화가 조금 더 편안해지면 대답했던 것들을 정리해서 하나의 문장으로 만들어주게 되죠. 만약 아이가 계속 어떤 얘기를 해야 할지 모르겠다고 한다면 부모님의 일기를 들려주세요.

"오늘 엄마가 학부모님들 앞에서 강의를 했는데, 너무 좋은 내용이라고 칭찬도 받고 책에 사인도 해드려서 기분이 엄청 좋았어."

"오늘 아빠가 회사에서 행사를 했는데, 날씨가 추워서 사람들이 많이 오지 않아 속상했어."

아이가 이해할 만한 수준의 이야기로 풀어나가다 보면 아이는 잠시 뒤 "맞다. 나도 그런 거 있어."라며 자신의 이야기를 시작합니다. 부모

강연을 다니면서 이 대화일기를 많이 추천하는데, 바쁘다는 핑계로 아이와 자주 이야기하지 못하는 부모님들이 아이의 다양한 이야기를 들을 수 있어서 이젠 가족 모두에게 기다려지는 소중한 시간이 되었다는 피드백을 많이 주셨습니다.

아이들은 자신의 경험을 이야기하며 감정을 다스리고 논리적으로 말하는 과정을 배웁니다. 덕분에 원에서 '주말 활동'에 대해 발표할 때도 자연스럽게 말할 수 있게 되죠. 부모와 긴밀한 대화의 시간을 보낸 아이들은 부모님의 감정과 마음을 이해하며 마음의 거리를 좁힐 수 있습니다. 이 또한 부모와 아이 사이에 애착을 만드는 행위이기 때문에 훗날 사춘기에 들어섰을 때도 아이들은 편안하게 고민과 학교 생활에 대해 이야기하게 됩니다. 지금의 시간을 미래를 위한 사전 장치라고 생각한다면 더없이 소중하게 느껴질 것입니다.

3 여행일기 써보기

부모님들은 여름휴가, 명절 휴가, 징검다리 휴가, 방학 등 여유 시간이 생기면 아이와 함께 여행을 많이 떠납니다. 하지만 그런 여행은 주로 아이 참여형보다 부모 리드형인 경우가 많죠. 4세 이후 아이가 시간과 장소에 대한 개념이 잡히면 여행을 가기 전 같이 계획을 세워보세요.

진행 방법

1 여행의 기간과 목적을 말합니다.

"이번 여름휴가는 새로운 체험을 위해 제주도로 3박 4일 동안 갈 거야."

2 여행지에서 할 수 있는 것을 보여줍니다.

"제주도에 가면 말도 탈 수 있고, 바다 수영도 할 수 있고, 귤밭 체험도 할 수 있고, 바비큐 파티도 할 수 있고, 수족관도 볼 수 있고, 산을 넘는 기차도 탈 수 있어."

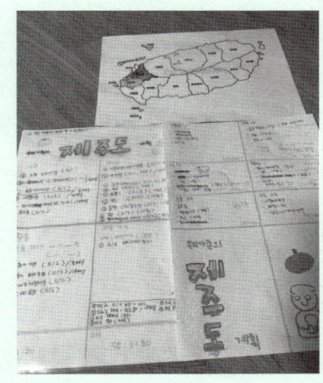

3 그중에서 아이가 가장 하고 싶은 것을 순서대로 고르도록 해주세요.

"서윤이가 제일 하고 싶은 것은 말 타기, 바다 수영, 바비큐 파티구나."

4 지도를 펼쳐놓고 아이가 정한 순서와 동선 등을 표시해보세요.

5 여행을 다니면서 지도에 표시한 곳에 도장을 찍거나 체크하면서 '미션'을 완성합니다.

6 여행에서 돌아오면 '가장 좋았던 경험, 가장 후회되는 것' 등에 대해 이야기를 나눕니다.

위 사진은 실제 저희 학원 선생님께서 8살, 6살 딸을 데리고 여행하기 전 함께 세운 계획표예요. 여행을 계획하고 다니다 보면 현실적으로 아이의 의견을 다 반영하기는 어렵습니다. 하지만 아이가 계획 단계에서부터 함께했다는 것만으로도 여행의 참여도가 달라지며, 부모의 바람대로 아이는 그 여행에서 스스로 느끼고 배우게 됩니다.

아이가 7세 정도라면 여행에서 가장 기억에 남는 장면을 그린 뒤 '언제, 어디서, 누가, 무엇을, 어떻게' 했는지 설명하고 왜 이 장면이 생각났는지 이야기하도록 물어봐주세요. 이 과정은 그대로 초등학교와 중·고등학교까지 이어져 프레젠테이션 실력의 밑거름이 됩니다.

아이들에게 여행은 이동할 때, 관광지에서, 숙소에서의 감정까지도 기억에 남기는 좋은 기회입니다. 그 기회를 놓치지 말고 여행 전에는 계획을, 여행하는 중에는 가이드를 맡기며 여행을 200퍼센트 즐기도록 해주세요. 집 근처 하루 나들이도 어떻게 경험하느냐에 따라 아이에게는 큰 재산이 될 수도 있습니다.

5~7세 유아 말하기⑤
- 토론이 즐거워지는 놀이

10년 넘게 스피치를 가르치다 보니 '스피치의 꽃'은 역시 토론이라는 생각이 듭니다. 발표, 스토리텔링, 프레젠테이션 형태의 말하기는 원고가 준비된 상태에서 나의 생각을 중심으로 말하면 되지만, 토의와 토론은 다른 사람의 생각을 들으면서 설득하는 동시에 자신의 의견도 논리적으로 펼쳐야 하기 때문에 모든 형태의 말하기가 포함됩니다. 부모 세대에는 공교육에서 접한 토의, 토론이 주로 시험과 관련되어 있다 보니 어렵게 느낄 수 있지만 토의와 토론의 본질을 안다면 오히려 즐거운 대화와 소통의 과정이라는 것을 깨닫게 됩니다.

토의는 많은 사람의 의견을 듣고 모두가 합의할 수 있는 최종 결론을 도출하는 것이고, 토론은 찬성과 반대로 의견이 나뉜 사람들이 서로의 생각을 듣고 설득해 결론을 내는 것입니다. 어려워 보이지만 사실 일상생활에서 두 가지 대화는 이미 많이 하고 있습니다.

토의: "이번에 제주 여행을 가는데 뭘 하면 좋을까?"
토론: "여행에서 땅콩 아이스크림을 꼭 먹어야 할까?"

흔한 대화 주제죠? 하지만 형식이 먼저 언급되는 순간 모두가 얼어버리고 입을 닫습니다. 그래서 토의와 토론을 잘하려면 앞서 반복해서 강조했던 '자신의 생각을 당당하고 자신감 있게 말하기'가 기본이 되어야 하며, 고집을 부리거나 독단적인 의견을 미는 태도를 버리기 위해서는 '공감과 경청'이 몸에 배어 있어야 합니다.

아직 초등 입학 전의 아이들이지만, 생활에서도 충분히 토의와 토론 놀이를 할 수 있습니다. 무엇보다 다른 사람 말에 귀를 기울이는 연습과 나와 의견이 다르다고 해서 '틀렸다'라고 단정 짓지 않는 습관이 중요합니다.

1 서로 같은 것 서로 다른 것

거울을 보며 부모님과 아이의 얼굴을 비교해봅니다. 이때 눈, 코, 입, 얼굴 형태, 손 모양, 발 모양 등 신체 부위를 세부적으로 나눌 수 있는데요. 서로를 잘 관찰한 뒤에 아이에게 "엄마(아빠)와 닮은 것/안 닮은 것은 뭐야? 왜 그렇게 생각해?"라고 물어봅니다.

아이를 두고 엄마와 아빠의 의견이 다를 경우, 은연중에 "널 닮아서 그래! 당신 닮아서 그래!"라는 부정적인 얘기를 하게 되는데요. 장난으로 말하더라도 아이가 상처받을 수 있으니 주의해야 합니다.

수업 시간에 아이들과 이야기를 나누다 보면 종종 다음과 같은 이야기가 나옵니다.

"저는 아빠 닮아서 잠이 많아요."

"저는 엄마 닮아서 눈이 커요."

문제는 이런 이야기가 좋다 혹은 나쁘다로 흘러갈 때가 있다는 것입니다.

"야, 우리 엄마가 눈은 커야 좋댔어. 넌 눈이 작으니까 나쁜 거야."

그러면 나와 다른 생김새를 가진 친구들을 부정적으로 보게 되고, 미래 교육에서 강조하는 다양성, 글로벌 소통 능력에 장애물이 됩니다. 엄마, 아빠와 닮은 점 찾기를 끝냈다면, 더 확장해서 할머니, 할아버지, 이모, 삼촌, 친구와 닮은 점 등을 찾아보세요. 혹시라도 아이가 생김새나 성격에서 다른 것을 나쁜 것으로 받아들인다면 '다르기 때문에 좋기도 하고 불편하기도 해.'라며 바른 생각을 하도록 이끌어주세요.

2 소곤소곤 게임

다른 사람의 말에 귀를 기울이는 습관은 특히 토론에서 매우 중요합니다. 토론의 과정에는 '반론(상대방의 주장과 근거를 반박하는 과정)'이 있는데, 이때 잘 듣고 메모해두지 않으면 반론조차 할 수 없어서 설득하기 어려워지기 때문이죠.

다음은 가족 또는 친구들과 함께 도구 없이 서로의 말에 귀를 기울이는 법을 배우는 놀이입니다.

놀이 방법

1. 구성원 모두가 일렬로 나란히 섭니다.
2. 첫 번째 사람이 하나의 단어를 두 번째 사람에게 귓속말로 전달합니다.
3. 두 번째 사람은 세 번째 사람에게, 세 번째 사람은 네 번째 사람에게 같은 방식으로 전달합니다.
4. 마지막 사람이 큰 소리로 단어를 외쳐서 첫 번째 사람이 말한 단어와 같으면 성공. 다른 단어가 나온다면 중간에 어디에서 잘못 들었는지 찾아봅니다.
5. 게임을 점점 더 확장해 문장→육하원칙이 들어간 이야기 등으로 길게 한다면 더 귀를 기울이게 됩니다.

앞에서 소개했던 단어카드 게임, 스무고개 게임 같은 것도 같은 맥락으로 다른 사람의 이야기를 잘 듣고 맞추는 놀이이므로 다 함께 스피치 실력을 키우는 기본 놀이로 활용해보기 바랍니다.

3 난파선 게임

난파선 게임은 인터넷 검색에서도 많은 자료가 나옵니다. 아이들의 우선순위와 토의 능력을 키워주는 대표적인 놀이인데요. 이 게임을 응용해 짐 싸기, 여행 계획 등으로 넓힐 수 있습니다.

놀이 방법

1. 가족 여행을 준비한다고 생각하고 우리 가족의 편안한 여행을 위해 캐리어에 꼭 넣어야 할 가족 공동 용품을 10개 골라봅시다.
2. 이것을 10개→8개→5개→3개로 줄이면서 꼭 필요한 것만 남깁니다.
3. 다음으로는 모두가 꼭 해야 할 미션 10가지를 정합니다.
4. 서로 의견을 물어보면서 5가지로 줄입니다.

이렇게 상대방을 설득하고 토의하는 과정에서 남겨야 할 물건이나 미션의 이유를 설명하면 아이는 더 이상 토의와 토론을 두려워하지 않게 됩니다.

4 왜냐하면 게임

토론할 때에는 주장뿐 아니라 세 가지 정도의 근거를 들면서 이야기를 합니다. 이 형식을 일상대화에서도 그대로 사용할 수 있습니다. '왜'라는 질문 자체가 공부에서도 기본 자세이기 때문에 이 게임을 하다 보면 아이들의 좋은 학습 습관을 들일 수 있습니다.

아이가 부모에게 어떤 요구를 하거나 어떤 현상을 이야기할 때에도 끝까지 들어준 뒤에 '왜 그래야 하는지' 세 가지 이유를 들어보도록 하는 것이죠.

아이: "엄마 이번 주에 산이네랑 키즈카페 가면 안 돼요?"
엄마: "왜냐하면, 첫째… 둘째… 셋째….."

아이는 나름대로의 이유를 찾아 근거를 댑니다. 이때 근거가 무모하거나 허무맹랑하다면 엄마 마음이 움직이지 않았으니 이유를 다시 찾아보라고 말합니다.

아이: "아빠, 유치원에서 자동차 그리기를 했는데 내가 제일 큰 차를 그렸어."
아빠: "왜냐하면, 첫째… 둘째… 셋째….."

이렇게 아이가 '주장 또는 의견'을 이야기할 때 바로 '왜냐하면'을 붙이는 놀이를 해보세요. 단, 아이만 말하면 어려워할 수도 있으니 아이에게도 똑같이 왜냐하면을 질문해달라고 해주세요.

"지훈아, 엄마 청소기 좀 돌려야겠다." 하면 아이가 "왜냐하면? 첫째, 둘째, 셋째?"라고 질문하게 하고, 아이 수준에서 설득이 될 만한 이유들을 가볍게 얘기해보는 것이 좋습니다.

이런 대화를 꾸준히 나눈 친구들은 학교에 입학해서도 이론이나 개념은 물론 사회 문제, 환경 문제 등을 배우면서 토의와 토론 수업을 할 때 자연스럽게 '왜냐하면'의 근거를 찾으며 심도 있는 지식을 탐구하게 됩니다.

―― 에필로그 ――

아이와 함께 자라는 부모가 되고 싶은 모두를 위하여

이 책을 한창 쓰던 작년 겨울, 이제 고등학교 입학을 준비하는 첫째 아들 승환이는 공부하고 싶은 마음이 드는 방을 만들겠다며 2박 3일에 걸쳐 방 정리를 했습니다. 엄마의 손길 하나 없이 깨끗하게 정리된 방을 보며 잘했다고 칭찬했더니 "엄마, 나 J 야."라고 말합니다.

반면, 둘째 아들 지환이는 무언가를 정리할 때마다 "어떻게 해야 할지 모르겠어."라고 말하며 잡동사니를 빈 공간에 쑤셔 넣기 일쑤입니다. 둘째는 MBTI로는 계획형이지만, 두뇌 유형으로는 레고블록형이어서 조직화 개념이 부족하기에 항상 자리를 정해주고, 그 기준에 따라 분류하는 훈련을 함께 해줍니다.

아직은 성장기이고 계속 변화하는 아이들이지만, 현재의 모습에서 잘하는 것과 더 채워야 할 것을 알아보고 배워나가는 것은 우리 아이들의 좋은 공부 습관, 생활 습관 만들기에 가장 효율적인 방법일 것입니다. 이 책에 나온 내용 가운데 일부는 실습을 통해 더 효과적으로 배울 수 있습니다. '맛있는 스피치' 유튜브와 인스타그램을 통해 부모님들과 소통하며 구체적인 방법들을 알려드리고 있으니 이 책을 교재로 활용해 다양하게 참여하시는 것도 추천합니다.

이 책을 쓰는 동안 고마운 분들이 있습니다. 제 수업에 도움을 주며 많은 공부를 할 수 있게 해준 '맛있는 스피치' 친구들과 저의 교육 방향을 이해하고 함께 해주시는 권소연, 류지혜, 신소영, 오은지, 이지은, 최민정, 홍유경 선생님, 학생들의 성향에 관한 원인 분석과 진단 솔루션에 막막해할 때 과학적·의학적 조언을 아끼지 않으신 김영훈, 노규식 박사님, 늘 응원하면서 산이, 유이를 조카 이상으로 봐줄 수 있게 해준 은경 언니, 너무 다른 기질과 성향으로 엄마를 공부하게 만드는 승환이와 지환이, 그리고 ESTJ 남편, 마지막으로 저에게 이런 달란트를 주신 부모님께 감사의 말씀을 전하며 이 책을 마칩니다.

3~7세
유아 말하기 수업

펴낸날 초판 1쇄 2024년 3월 5일

지은이 이운정

펴낸이 임호준
출판 팀장 정영주
책임 편집 조유진 | **편집** 김은정 김경애
디자인 김지혜 | **마케팅** 길보민 정서진
경영지원 박석호 유태호 신혜지 최단비 김현빈

인쇄 (주)상식문화

펴낸곳 비타북스 | **발행처** (주)헬스조선 | **출판등록** 제2-4324호 2006년 1월 12일
주소 서울특별시 중구 세종대로 21길 30 | **전화** (02) 724-7648 | **팩스** (02) 722-9339
인스타그램 @vitabooks_official | **포스트** post.naver.com/vita_books | **블로그** blog.naver.com/vita_books

©이운정, 2024

이 책은 저작권법에 따라 보호를 받는 저작물이므로 무단 전재와 무단 복제를 금지하며,
이 책 내용의 전부 또는 일부를 이용하려면 반드시 저작권자와 (주)헬스조선의 서면 동의를 받아야 합니다.
책값은 뒤표지에 있습니다. 잘못된 책은 서점에서 바꾸어 드립니다.

ISBN 979-11-5846-412-7 13590

> 비타북스는 독자 여러분의 책에 대한 아이디어와 원고 투고를 기다리고 있습니다.
> 책 출간을 원하시는 분은 이메일 vbook@chosun.com으로 간단한 개요와 취지, 연락처 등을 보내주세요.

비타북스 는 건강한 몸과 아름다운 삶을 생각하는 (주)헬스조선의 출판 브랜드입니다.